fengshui of business

Dr.コパのビジネス風水

小林祥晃
Kobayashi Sachiaki

basilico

Dr.コパのビジネス風水

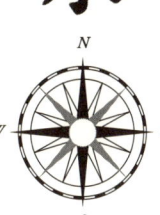

小林祥晃

装　丁　河野宗平（株式会社テンタス）
イラスト　松下さゆり
編　集　for GODOT

本書は、社長や店長など
全国の経営者の方々に、
読んでもらいたい本です。

そして、
歩合制の契約で働いている営業マンや、
企業の空間管理を任された総務部の方々、
将来的に経営者を目指すビジネスマンも、
ぜひ経営者の視点で読んでみてください。

あなたの運が
大きく開けていくはずです。

開運へのプロローグ

①

なぜ、今、ビジネス風水が求められているのか？

経営者は風水哲学で幸福を手に入れる「権利」がある

風水とは、幸福になるための哲学のことです。

本書を通じて、私は『ビジネス風水』のタイトルのとおり、「仕事を通じて幸福になるためにはどのような考え方や行動が求められるか」を語っていきたいと思います。

本書は、全国に何百万人といらっしゃる経営者の方々に向けて書き下ろしました。なぜなら、今、風水の知恵を最大限に活用し、幸福を手に入れていただきたいと私が思っているのが、他ならぬ経営者の方々だからです。風水の第一人者としてはもちろん、経営者という立場を同じくする者として、心からそう願っています。

思えば、今日がんばっている経営者を見渡すと、バブル崩壊を乗り切ってこられた方、あるいはその後の長いトンネルの途中で会社を起こしたり店舗を起こしたりした方がほとんどです。周囲の人間を泣かすような悪行でもしない限り、濡れ手に粟のような成功を収めた人はほとんどいません。皆さんは、さまざまな苦労を正面から乗り越え、今日に至っています。だからこそ、幸せになる「権利」を十分有していると思うのです。

けれども、「こんなに働いているのに、なぜ……？」と、世の中に疑問や失望を抱いている経営者は多いのではないでしょうか。そんな方にこそ、ぜひこの風水哲学を有効活用して幸福になってほしいと考えています。

悩みに直面している経営者の方は、
この先の「プロローグ②」をとばして、本章へと進んでください。

「風水とは？」という点について理解を深めたい方は、
この先を読んでみてください。

開運へのプロローグ

②

風水は、より良い統治を行うための帝王学だった

中国三〇〇〇年の歴史の中で培われた国を治めるための知恵

風水とはいったい何でしょうか。なぜ、ビジネスに応用できるのでしょうか。その成り立ちに触れながら、少し説明をしていきたいと思います。

風水は、二〇〇〇年以上前の時代に起源を発しています。人智が及ばない出来事や人の理解を超えた事柄にうまく処していくためには、どうすれば良いのか。古の人々が長い年月をかけて行き着いた結論が「自然環境を利用すること」であったわけです。まもなく風水は、自分たちの国をより良く統治するための帝王学として利用されるようになります。

中国では歴史上、都市を築く際に風水理論が使われてきました。宮殿をどこに置いたら皇帝の権威が上がるのか、門や道路をどのように配置すればより大きな富が集まるのか……これらが全て風水理論によって細かく決定された上で、都市整備が進められたのです。

風水では、幸運の運気が通る道を「龍脈」と呼び、そこに都を作ると王朝が繁栄すると考えます。龍脈であるためには、さまざまな自然条件が必要になりますが、明王朝の時代には三年もかけて、それらの条件にもっともふさわしい土地を探したというエピソードもあるほどです。このように風水は時代を越えて中国の歴史に大きな影響を与えてきました。

現在の東京の活況が風水による都市計画の成功を物語っている

風水が中国から日本に到来したのは、飛鳥時代の初め頃と考えられています。当初は貴族の間で知られ、やがて為政者の都市計画に用いられるようになりました。桓武天皇が作った平安京（七九四年）や源頼朝が開いた鎌倉幕府（一一九二年）は、風水理論を取り入れて計画設計された都として有名です。

なかでも、風水の力を最大限に活用して築かれた都といえば、徳川家康の手によって開府（一六〇三年）した江戸です。家康は風水学に長けた人物をそばに置き、龍脈上にある関東平野の中に街を作りました。風水的に見て、江戸城は吉相中の吉相である場所に築城されています。現在の東京の活況を見れば、風水による都市計画が大きな繁栄をもたらすことが納得してもらえることでしょう。

このような統治の風水と並んで、日本の風水は先祖を祀るための知恵として、各家庭に受け継がれていきました。

ロンドンでは風水ホテルが誕生
ニューヨークでは実業家が注目

風水は、近代から現代へと移りゆく中で、シンガポール、韓国をはじめとして世界各地に伝えられ、ビジネスの繁栄を左右する学問として発展していきます。

なかでも、風水を応用して作られたビルが立ち並んでいるのが香港です。香港上海銀行のビルは、風水原理にのっとって建てられたビルとして最も有名です。その向かいに建つ中国銀行のビルは、十字模様のある鋭角的な外観です。これは風水的に「周囲に脅威を与える」造りで、ライバルの香港上海銀行に災いが向くような設計をしたと言われています。

香港では、建築家や技師と並んで風水師が設計から参加することが多いようです。また経営が傾いた時は、風水師が「運気のリフォーム」の相談に乗ってさまざまなアドバイスを行っているのです。

二一世紀に入って、風水は新たな展開を見せています。ロンドンでは「Feng Shui（風水）」と呼ばれています。リッチな人々の間で風水理論を用いて室内をレイアウトするのが流行したり、風水ホテルが登場したりしています。

一方、ニューヨークでも不動産王トランプ氏が「古代中国の技術が米国の建築デザインを変える」として風水にいち早く目をつけるなど、そのパワーが非常に注目されています。

つまり、世界経済の中心都市で、すでに風水が大きな効果を発揮しているわけです。

風水だからこそ日本の経営者に力を与えられる

日本では、ご存じのとおり「Dr.コパの風水」として、風水の名は広く知られることとなりました。けれども、「風水」イコール「家屋の吉凶を見る学問」という狭い範囲での認識しか持っていない方も、中にはいるのではないでしょうか。

もちろんそれは正解です。けれども、それと同時に風水は、国を治める帝王学として発展してきたとおり、ダイナミックで大きな効果を及ぼすことが可能な学問なのです。

徳川家康によって築かれた都市・江戸から繁栄を続ける東京には、風水のベースがすでに築かれています。また、日本の各地には風水の名残りがあります。ですから、風水の効果がよりいっそう期待できるのです。

風水がなぜ、何とか仕事で成功したいと真剣に考えている経営者の方々の力になれるかが、おおよそわかっていただけたでしょうか?

二〇〇一年から二〇〇四年にかけては、風水的に見て「大きな成功を勝ち取るための準備期間」でした。これからの年はいよいよ「自分の運を確かめる時代」に入ります。自分の運、それは他の誰のものでもありません。だからこそ、言い訳がききません。勝負に臨む前に考えうる限りの準備をするように、運を確かめる時代を生きるためにあらゆる方法を駆使して運を備えてください。

そのための哲学やハウツーをこれから紹介していきます。

INDEX

INDEX

INDEX

INDEX

第1章

業績アップ!!のビジネス風水

会社の基礎固めをし、
高成長を遂げるための
風水術

Q.
会社の資金繰りがうまくいかず、
なかなか売上げが伸びてきません。
いったいどこが悪いのでしょうか？

A.

それではまず
金運のカギを握る「応接室」から
チェックしてみましょう。

開運！業績アップ‼のビジネスレイアウト風水

応接室での「風水的もてなし」が利益を飛躍的にアップする

応接室はなぜ「金運」をつかさどる場所なのか

風水には「縁が円をもたらす」という言葉があります。これは、風水の力を活用すれば、人との出会いや、つき合いで得たチャンスを金運に変えていけるという意味です。

応接室は、あなたに金運をもたらしてくれる大切な縁イコールお客さまをお通しする空間。ですから、応接室が「開運空間」になっているかどうかがとても重要になってきます。では、どのような応接室が運気を開いてくれるのでしょうか。「客人をもてなそう」という心が、応接室から感じられること。これこそが何よりも前提になります。

お茶室の「打ち水」に学ぶもてなしの心とは？

「もてなしの心」を表現し、応接室を開運空間に変えていく際、イメージしてもらいたいのは、お茶室の入り口の「打ち水」です。いらっしゃるお客さまは、その打ち水によってみずみずしい気分を味わい、土ぼこりが立たないようにしてくれた主の細やかな気配りに感謝します。そしてまた、打たれたばかりの水は、自分の訪問時刻を気にかけ、まさに訪れる直前に打ってくれたのだという事実を物語っています。これは、もてなしの究極表現だと言えるのではないでしょうか。さりげなく、けれど相手への手間を惜しまないこと。これが開運につながるのです。

では、具体的に会社の応接室がどう変化すれば「開運空間」を演出できるのでしょうか。まず、応接室の掃除はもちろんのこと、テーブルやソファに白いカバーを使うと良いでしょう。白は風水で「誠意」「感謝」を表すカラーであると同時に、あなたのお金に対する感覚が清潔であることを示す色でもあります。ただし、そのカバーが汚れていてはまったくの逆効果ですから、こまめにクリーニングをしてください。

鳥の絵柄のアイテム、波と巻貝のオブジェ、盛り塩

次に、応接室に置くと良い風水アイテムについて挙げておきます。

一つは、鳥の絵や鳥の柄がある置物。風水的に見ると、鳥は「つがい」の象徴です。応接室における「つがい」は、社長であるあなたとお客さまを指しています。これから良きビジネスパートナーとしてともに成長していくパワーを与えてくれるでしょう。

波と巻貝のオブジェもおすすめです。波には「運んでくる」、巻貝には「巻き取ってしまう」という風水的な力があります。つまり、金運のチャンスがやってきて、それを確実にものにできる空間にしてくれるのです。

それから、悪い運気を払いのけるための「盛り塩」も大切です。白い小皿に粗塩を一〇グラムほど盛り、入口付近に置いておきます。浄めの塩という表現があるように、塩には厄落としの力があります。けれども、粗塩は一〇日に一度は交換しないと風水的効果がどんどん下がってしまいますので、気をつけてください。

第1章
応接室の理想的なレイアウト例

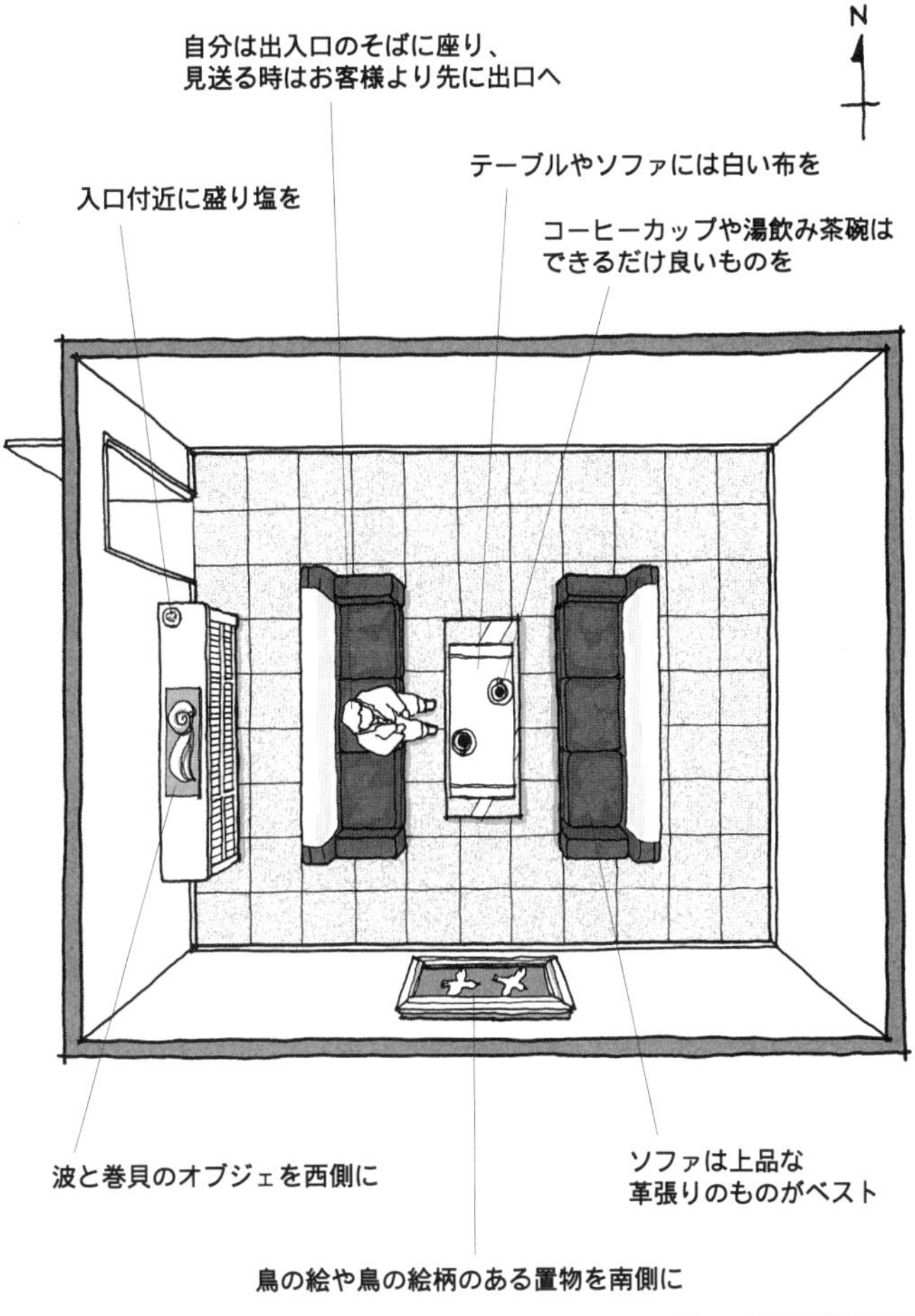

さらに開運！業績アップ!!のワンモアビジネス風水①

「西に黄色」風水の実行で会社の金運がアップする

「西に黄色」というフレーズをみなさんも一度は聞いたことがあると思います。風水では、方位というものがとても大きな意味を持っています。例えば、北方位には「信頼関係を生む力」、北西には「出世や勝負事の成功を呼ぶ力」などがあり、その方位のパワーを自分に取り入れることで運が開けていくと考えられているのです。

西は「豊かな秋の実り」を象徴する方位です。秋の田んぼで夕日を浴びて黄金色に染まったお米の穂が、やわらかな風に揺れている風景を想像してください。この西方位の実りのパワーと、余裕や安定をもたらすカラーである黄色のパワーが組み合わさることで、金運アップの大きな力が生まれるのです。

会社の資金繰りに追われ、暗い表情で毎日を過ごしている方には、「西に黄色」の風水を実行してもらいたいと思います。

オフィスはもちろん、自宅で実行すればさらに運気アップ

方位磁針などを使って、オフィスの西方位を調べ、オフィスの西側に黄色いアイテムを配置します。黄色い花を飾っても良いですし、西日よけに黄色いカーテンを使うのも良いでしょう。ソファの上に黄色いクッションを置くのも一つの方法です。

「西に黄色」の風水は、オフィスはもちろん、あなたの自宅でも実行すれば、非常に大きな効果を発揮してくれます。また、黄色のパワーをファッションに取り入れるのも一案です。男性ならネクタイ、女性ならハンカチやスカーフなどが挙げられるでしょう。

黄色は、環境を変化させる非常に大きなパワーを持っているので、この黄色のパワーにしたがって、あなたの周囲がどんどん良い方向に変化していくはず。大きなビジネスチャンスが突然やってくることも考えられます。それには、こちらがビジネスの主導権を握るぐらいの気持ちを常に備えていることが大事です。

さらに開運！ 業績アップ!!のワンモアビジネス風水②

「大きなビジネスバッグ」を営業社員には持たせる

風水には、「金運を上げたいなら大きめのバッグを持ち歩け」という言葉があります。なぜなら、バッグは「運の入れ物」と考えるからです。あなたの従業員は、どんなバッグを使ってお客さまに接していますか？　一度チェックしてみてください。

「金運とバッグの関係」は、「人と家の関係」に似ています。古めかしくて不潔な感じのする家には、誰も遊びに行こうとは思いません。金運にも同じことが言えます。

営業社員は運気をバッグいっぱいに詰め込んで会社に納め、次の日に新しい運気を詰め込むために出かけていく……風水ではそのように考えるわけです。

新入社員と重役で持つべきバッグが違うのは当然

このように、金運は、その入れ物にふさわしい質と量でやってきます。

ですから、そのバッグが擦り切れてしまっていたり、ツヤがなくなってしまっていたら、それに値するだけの運気しか入れられません。その場合は、たとえ本人の気に入っているバッグだとしても、新しいバッグに変えさせることが必要だと思います。そう考えると、ワンランク上のバッグ選びを心がけさせることが重要です。その社員が次に目指すべきランクがどこなのかを考え、それに見合ったバッグをチョイスさせることが大切。新入社員と重役では、持つべきビジネスバッグは当然違うべきなのです。

また、外側だけでなく、中身が乱雑なのも当然運気のダウンを招いてしまいますので、こちらも注意してください。ちなみに、バッグに近いアイテムである財布も金運を入れる器です。「財布の寿命は一〇〇〇日」と風水では考えます。約三年たったら自分の財布を買い替えるようにすると、あなたの個人資産をダウンさせずにすむでしょう。

財布を購入する時期も重要です。とくにおすすめは、春と秋。春に購入する財布を風水では「張る財布」、秋は「実り財布」と呼び、大きな金運をもたらしてくれます。

さらに開運！業績アップ!!のワンモアビジネス風水③

社長宅のキッチンでは、「さんかんの実」アイテムを

社長という存在は、自分の会社の繁栄について二四時間考えるべきだと私は思います。ということは、プライベートの時間、すなわち家で過ごす時間をいかに開運につなげていくかが大変重要になってきます。

では、家の中で金運を左右する空間はどこでしょうか。それはキッチンです。

風水では、食事とは「運を体内に取り込むこと」と考え、非常に重要視しています。そして、滋養があり、温かい食事を家族でいただくことが、その一家に富をもたらすと言われているのです。

このようなことから、キッチンは金運を左右する空間だと考えられています。ですから、もしもあなたが金運に見放されているると感じているのなら、食生活の見直しをすることが大切です。愛情を込めて作られた温かい料理を家族とともに楽しく味わっているでしょうか？　毎日の食生活をチェックしてみてください。

ざくろ、たちばな、桃の三つの果実がもたらす幸運

金運に大きく関わるキッチンでは、どのようなアイテムを使うと良いのでしょうか。おすすめは「さんかんの実」にまつわるアイテムです。

「さんかん」は、ざくろ、たちばな、桃の三つの果実を指しています。風水では、黄色いたちばなには金運を高める力、オレンジ色のざくろには財運、健康運、子宝運を高める力、ピンク色の桃には人間関係運を高める力があると言われています。そして、この三つの力がキッチンにおいて融合することで、一家に大きな繁栄が訪れると考えられています。

ですから、黄色、オレンジ、ピンクなどのキッチングッズを効果的に使ってください。さんかんの実をあしらった食器を使うのも良いでしょう。

さらに開運！業績アップ!!のワンモアビジネス風水④

枕元に「ブルーの布と貴金属」で、明日からの活力を身につける

あなたは「会社は成功すればするほど大きくなるものだ」と思っていませんか？

もちろん私も「大きくなるべきだ」と思っています。

ここでとても大切なのは「大きさ」の尺度を何に求めるかということです。

あなたは会社の成功の尺度について考えたことはあるでしょうか。ある人は「資本金額の大きさ」や「従業員が多いこと」を挙げる人もいるでしょうし、「売上額の大きさ」だと言う人もいるでしょう。それを私は全否定する気はありません。

けれども、「成功の尺度」を一つ挙げろと言われたら、私は「利益額の大きさ」を挙げ

たいと思います。

売上が数百億で純利益が一〇〇万円の会社よりも、売上が一〇〇〇万円で純利益が九〇〇万円の会社のほうが良い……そうは思いませんか?

ハードな決断を迫られる社長におすすめしたい風水

そもそも風水ではなぜ金運を上げようとするのでしょうか? それは「お金には心を鎮めるパワーがある」と考えているからです。お金を持つこと自体が目的なのではなく、余裕のある心で毎日を楽しく過ごすためにお金の運気が必要なのです。

「金持ちケンカせず」という言葉を聞いたことがあると思いますが、正しい手段でお金を得て、心が豊かになった人は、些細なことで心が乱れたりはしないものです。

そこで、社長のあなたの金運を上げる、とっておきの風水をアドバイスします。

まず、枕元におだやかな海を連想させるブルーの小さな布を敷いてください。布地はベルベットなど上質なものを選ぶと良いでしょう。その上に、指輪や時計などの貴金属を置いて眠るのです。あなたをおだやかな眠りに誘い、次の日は「がんばるぞ」という気持ちで目覚めさせてくれます。毎日に疲れを感じている人はぜひ試してみてください。

第1章
「業績アップ!!のビジネス風水」まとめ

●風水的な配慮の行き届いた応接室にお客さまを迎えていましたか?
●「西に黄色」の由来を理解し、会社や家で実行していましたか?
●営業社員には大きなビジネスバッグを持たせていましたか?
●金運をアップするキッチンの重要性には気づいていましたか?
●金運がなぜ必要かを考え、金運を上げる枕元風水を行っていましたか?

第2章

景気に左右されない!!
ビジネス風水

業績を安定させ、
会社を発展させていくための
風水術

Q.

好不調の波が激しく、
会社の業績が安定しません。
何から始めれば良いでしょうか？

A.

オフィスを喜ばすような「飾り付け」ができているか診断してみましょう。

開運！景気に左右されない!!ビジネスレイアウト風水

「社内を旬の花で彩る」ことで開運空間に変わっていく

開運空間を作る努力が、好成績のキープにつながる

風水は別名「環境整理学」とも呼ばれています。これは「風水とは、自分が過ごす場所を運の良い空間に作り変えていくための学問」であるという意味です。

風水では、自然がもたらす満ち欠けのパワーによって、どんな人にも好不調の波は訪

れると考えています。けれども、たえず幸運がもたらされる空間で過ごすことで、好運気はできるだけ長く持続できるようになり、たとえ運気がダウンしてもその回復を早められると考えます。開運空間を作る努力を怠らないことが、景気に左右されずに会社の好成績をキープする秘けつです。では、社内をたえず開運空間にしておくためには、どのようなアイテムが有効なのでしょうか。大きなカギを握っているのが花です。

日本の伝統行事や祭事を大切にした花選びが重要

風水では、空間内をできるだけ自然の状態に近づけることを吉としています。ですから、太陽の恵みを受け、水と大地によって育まれた花を飾ることで、空間の凶作用を少なくできると考えています。

花を飾る上でもっとも大切なのは、季節感を重視し、日本の伝統行事や祭事を大切にして花選びをすることです。例えば、三月三日のひなまつりなら、桃の花を飾りましょう。桃の花は人間関係の運気を高めてくれるので、新しい人間関係が生まれる四月に向けて大きな力を与えてくれることでしょう。五月五日のこどもの日は、菖蒲の節句ともいわれます。菖蒲の葉は刀の形をしており、とくに男性の活躍を後押ししてくれる力がある花と風水では考えるので、五月の初旬には菖蒲を飾ると良いでしょう。

色や形、生け方によって吸収できる運気の種類は違ってきますが、基本的にはどの方位にどんな花を飾ってもＯＫです。ただし、水が腐っていたり、枯れたままの花を放置しておくと運気がダウンしますので注意してください。

運の良い人といっしょに撮った写真をデスクに

花以外にも、景気に左右されず、業績を安定させるための風水アイテムがあります。それは、運の良い人といっしょに撮った写真です。風水では「幸運は成功者からおすそ分けしてもらえるもの」という考え方をします。あなたの周囲に、成功してもおごらずに努力を重ねている人はいませんか。そのような人と仲良くなり、写真を撮り、あなたの目のつくところに飾ってみてください。幸運が必ずやってきます。

実は、私のオフィスのデスクには、二人の人物といっしょにおさまった写真が飾ってあります。どちらも日本を代表する推理作家として大成功している方たちであり、私にとっては非常に大きな開運パワーを与えてくれる写真です。この写真のおかげで私は成功の運気を呼び込めている、と言っても過言ではありません。

第2章
開運を呼び込む飾りつけ

【花を飾る】

季節感を大切にして花を選ぶ
玄関の受付や応接室、
オフィスルーム
などに花を飾る
敷物をする方が良い
花瓶は手触りの良い
陶製のものがおすすめ
花は枯れさせず
水はこまめにかえる

【写真を飾る】

デスクの上や
応接室のサイドボードなど
目につくところに
運の良い人と撮った
写真を飾る
フォトフレームは安っぽいものを選ばない
装飾のほどこされたもののほうが良い

さらに開運！

景気に左右されない!!ワンモアビジネス風水①

「会社の備品」を大切にする社員をチェックしておく

不景気という「逆風」や「震災」の大きな力をうまくやり過ごし、次のチャンスの到来をしっかり待つためには、しなやかな強さが必要です。高層ビルの場合、大きな地震や強風が起こっても倒壊しないよう、しなやかに揺れるような設計が施されています。

しなやかな強さとは、前向きに考える力と、やり抜こうとする意志の固さと、屈託のなさが同居している……そんな心の状態を指しています。風水では「笑顔のないところに幸運はやってこない」と考えますが、成功を信じ、チャレンジを楽しもうとしない会社には、残念ながら成功は訪れないのです。

けれども、経営者だけにその意識があれば景気の波から会社を守れるのかというと、なかなかそのようにはいきません。幹部社員を中心に、できるだけ多くのスタッフがしなやかな強さを備えている会社ほど、不況知らずの成績をおさめる事ができます。

備品を大事にしない社員は労働時間も大事にできない

では、経営者として、しなやかな強さを持った社員を探し出すにはどうすれば良いのでしょうか。その一つの方法としておすすめしたいのが「会社の備品を大切にしているかどうか」をチェックすることです。

「自分のお金で買った物はあれほど大切にするのに、会社の備品となると使い放題、散らかし放題」の社員がいるとします。会社の備品イコール自分にとってどうでもいいもの、という考えからそうなっているわけですが、その意識は単に備品だけにとどまるのでしょうか。貴重な労働時間に対しても「自分にとってはどうでもいい、頑張っても給料は変わるわけじゃないんだし」などという意識を持っているはずです。逆に、会社の物を自分の物のように大切にできる人は、自立心があり、熱意を持って事にあたる信頼すべき存在だと言えるのです。周囲にそのようなスタッフはいますか?

さらに開運！
景気に左右されない!!
ワンモアビジネス風水②

苦しい時を乗り切るには「南西のパワー」が必要

風水では、方位を非常に大切に考えることは前章でも述べました。なぜ大切なのかというと方位ごとに得られるパワーが変わってくるためです。景気の波に翻弄されている会社は「南西のパワー」を吸収することで開運を呼び込むことができます。

ここで、南西方位について風水的な説明を少ししたいと思います。南西は「裏鬼門」とも呼ばれ、陰陽のうちの陰のエネルギーが発生すると考えられている方位です。南西からのパワーを上手に吸収できないと、精神的なバランスを欠いて落ち着きがなくなり、さらに根気よく続ける意欲を失ってしまうと風水では考えます。家庭を例に考えると、家族の誰かに怠けグセがあったり、ギャンブルから足を洗えないといった人がいる場合は、南西に問題がある場合が多いのです。

南西方位のパワーを引き出すラッキーカラーを活用

南西からのパワーを吸収できていない会社は、少しのつまずきで動揺してしまい、長期的な視点に立った経営判断ができなくなります。そして、目先の事柄の処理に追われ、ずるずると業績が悪化してしまいます。

そこで、南西のパワーを吸収して会社の業績を安定させる風水をアドバイスしましょう。まず、会社の南西方位を調べ、汚れていたり、整理されていないかをチェックしてください。南西がオフィスルームなら、机の中や机の下をしっかり整理すること。ロッカーや倉庫なら、中をもう一度見直して不要なものはどんどん捨てましょう。トイレや給湯室なら、ぴかぴかになるまで磨くと良いでしょう。また、南西方位と相性の良いラッキーカラーのアイテムを飾るのもおすすめです。白、黄色、グリーンなどが幸運を運んできてくれるので、事務用品や飾り物にこれらのカラーを取り入れると良いでしょう。

さらに開運！

景気に左右されない!!

ワンモアビジネス風水③

経営者は「次の幸運」への投資を怠るべきではない

風水では、幸運は自ら呼び込むものであり、その幸運を呼び込むにはそれ相応の投資が必要だと考えます。

経営者は、自分の運気を上げるためにより開運度の高い空間を求めるべきですし、品格を上げるためにはよりグレードの高いクルマに乗りたいと思うべきです。ただし「自らの運気を上げるための投資である」という明確な定義と「投資した以上の利益を得るんだ」という強い気持ちを持ち、実際に投資以上の見返りを得ることが何よりも大事なのです。そうでなければ、投資どころかただのムダ使いに終わり、次の運気を得るどころか、会社が傾く原因になってしまいます。

一六〇万円の投資が、なんと一六〇〇万円に

私は昔、ニューヨークのホテルに滞在して、書籍の執筆をしたことがあります。偶然通りかかった「ティファニー」のお店に入ると、ショーケースの中に、ゴールドをふんだんに使った素晴らしいボールペンが飾られていました。私は直感的に「買おう」と決断して値段を聞くと、日本円にして一六〇万円という数字を告げられたのです。とてもびっくりしたのですが、ボールペンが自分の運気を上げてくれると感じていた私は、思いきってこれを購入。そして、「絶対にヒットする本を書くぞ」という気持ちで、執筆を始めました。

結局、この時に書き上げた書籍は実に百万部も売れるベストセラーになり、私には一六〇〇万円の印税、つまり投資額の一〇倍ものお金が入ってきました。

ただ、あれ以来、このボールペンを使ったことはありません。なぜなら金製のため重すぎて手首が疲れてしまい、非常に使いづらかったからです……。そんな笑い話もついてきましたが、「次の運に投資する」という意味を正しく理解していただけるでしょうか。

さらに開運！
景気に左右されない!!
ワンモアビジネス風水④

ゴボウやダイコンなどの「根菜類」から根気をもらう

オリンピックなどのスポーツ中継で、「粘り勝ち」という言葉を耳にすることが多いと思います。これは、景気が停滞している時代に会社を成功に導くための一つのキーワードだと言えるでしょう。バブル期のような「みんな勝ち組」という時代は、今後訪れることはないはずです。だとしたら、常に同業界・同業種のライバルたちとの争いがあり、それに勝っていかなければなりません。

最初から圧倒的な力の差で、ライバルを引き離す戦いができれば理想です。けれども実際は、相手の技を読みながら駆け引きをし、ある時は相手が優位に立ち、ある時は自分たちが主導権を握り……という攻防を重ねているはずです。最後にその接戦をモノにできるかどうかは、勝負をあきらめない力にかかっているわけです。

開運食は根菜類がたっぷり入った鍋料理

食べ物はそれぞれ異なる開運のパワーを持っていて、その食べ物を体内に吸収すれば体内にツキが宿って「開運体質」になれる。風水ではそのように考えます。これらの食べ物の中でとくに「粘り強くやり抜く力」を与えてくれるのが、ゴボウ、ニンジン、ダイコンといった根菜類です。地中深くに根をはりめぐらし、地上の風雪にも耐え忍ぶ姿を想像するだけでも、これらの野菜がなぜ根気のパワーを与えてくれるかがわかっていただけると思います。毎日一品、根菜類のメニューを食卓に上げるようにすれば、粘り強く物事をやり遂げる意欲が出てきます。

また、風水では食材そのものが持つパワーの他に、調理方法によっても得られる運気があると考えます。二〇〇四年から二〇〇五年にかけてとくに開運力があるのは、鍋をはじめとした煮込み料理です。家族や親しい仲間といっしょに、根菜類たっぷりの鍋を囲むのも良いでしょう。きっと良いパワーが得られるはずです。

第2章
「景気に左右されない!!ビジネス風水」まとめ

●社内を旬の花で彩り、開運空間に変えていく努力を怠ってはいませんか?
●私物と同じように会社の備品を大切にできる社員が周囲にいますか?
●会社の南西方位の整理整頓はしっかりとできているでしょうか?
●次の運気を呼び込むための投資をし、それ以上の利益を得てきましたか?
●ゴボウやダイコンなどの根菜類は、食卓に上がっていますか?

第3章

会社の評判を◎にする!!ビジネス風水

常に相手から求められる「勝ち組」企業でいるための風水術

Q.

がんばっているのに会社の評判が上がらず、
安値で契約せざるを得ません。
後手後手の状況を改善できますか？

A.

なるほど。風水で
[幸運の入口]と考える「玄関」を
診断してみましょう。

開運！会社の評判を◎にする!!ビジネスレイアウト風水

「幸運を呼び込む玄関の風水」を実行すれば評判は高まっていく

会社の評判イコール会社への期待感を上げる風水

評判が良い会社とは「あの会社に行くのが楽しい」「あの会社とぜひいっしょに仕事がしたい」といった期待感を抱かせてくれる会社のことを指しています。取引先の人々がこのような期待感を抱くのは、その会社が幸運に満たされていて、自分たちにも幸運を分けてもらいたいと思うからです。そして、会社の幸運を左右するのが玄関です。
玄関から入ってきた幸運は、建物の中心に向かって流れ込み、空間内を満たしていきます。空間いっぱいに広がった幸運は、玄関から出ていきます。新鮮なおいしい空気が循環しているイメージを思い浮かべてもらえればわかりやすいと思います。

評判の上がる玄関方位は業種ごとに異なる

風水では方位を非常に大切にする学問であることは何度か述べてきましたが、これは会社の評判を上げるエントランスの風水を考える際にも当てはまります。業種や業務内容によって、どちらの方位に玄関があり、どのようなことを心がけると評判が上がりやすいかが変わってくるのです。ここでは四方位について説明します。

【東向きの玄関】新製品や若者向けの製品を開発したり、夢を売るような仕事に向いている玄関です。東は音と相性の良い方位なので、玄関に音楽が流れていると良いでしょう。受付には、声に好感が持て、しっかりあいさつできる人物を配置するのが正解。

【南向きの玄関】芸能プロダクションのように才能や人気が求められる商売に向いている玄関です。玄関のガラスや金属部分の汚れが評判を落とす大きな原因になるのでしっかりと掃除を。受付には美貌を備えた人物と観葉植物を配置しましょう。

【西向きの玄関】楽しさ、豊かさ、こだわりなどをキーワードにしている会社に向いています。受付には取引先がうわさをしてくれるような存在感ある人物を置くように。また、咲き誇っているイメージのアイテムを飾ると良いでしょう。

【北向きの玄関】北は、信頼や愛情の方位。これらの言葉をキーワードにする会社におすすめです。この方位は暗い雰囲気を醸し出すと評判が落ちるので、照明を明るめにし、暖色系の花を飾ると良いでしょう。受付には清楚で真面目な印象を与える人物を。

玄関のニオイと外観の汚れも要チェック

玄関の方位別風水アドバイスをしてきましたが、方位に関わらず注意すべきなのはニオイです。風水では「幸せは薫り、不幸は匂う」という表現をしますが、どちらも嗅覚に訴えてくるものです。評判を維持し、高めるためにニオイに気を配って下さい。

また、外観の汚れも玄関と同様に会社の評判がダウンする重要なポイントです。建物のまわりにある植物の手入れが行き届いていない、外壁は汚く、看板は壊れている、窓ガラスは曇ったまま……ということはありませんか？　一度チェックしてみてください。

第3章
玄関の理想的なレイアウト例（東向きの玄関の場合）

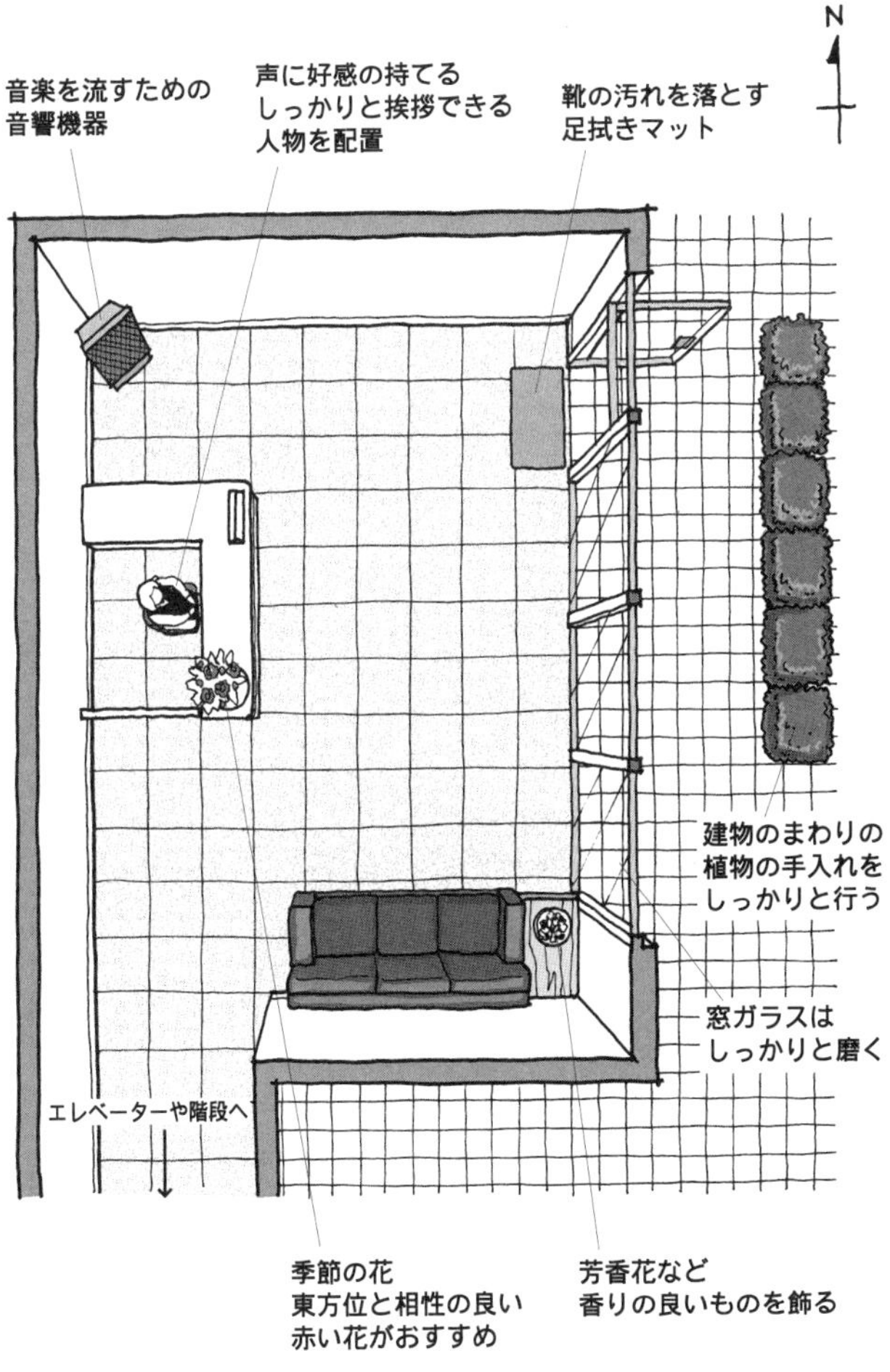
N
音楽を流すための
音響機器
声に好感の持てる
しっかりと挨拶できる
人物を配置
靴の汚れを落とす
足拭きマット
建物のまわりの
植物の手入れを
しっかりと行う
窓ガラスは
しっかりと磨く
エレベーターや階段へ
季節の花
東方位と相性の良い
赤い花がおすすめ
芳香花など
香りの良いものを飾る

さらに開運！
会社の評判を◎にする!!
ワンモアビジネス風水①

「営業社員の靴」を見ればどんな会社かすぐにわかる

ビジネスマンの多くは、上半身に近いアイテム、つまり自分の目につくスーツ、ネクタイ、カバンなどには気を配るのですが、靴にはあまり気を使わない人が多いようです。けれども、これは大きな間違い。なぜなら「人を判断する時には靴を見ろ」という言葉があるぐらい、靴というのは人格を表すアイテムだからです。つまり、社員がどんな靴を履いて取引先との商談や新規開拓に出かけているのかが、会社の評判を大きく左右してしまうのです。

風水的に見ても、靴は開運のための重要アイテムです。風水では大地からのパワーをとても大切に考えますが、靴はこの大地を踏み締めるための道具なので、身につける靴の良し悪しがその人の運気吸収率を変えると考えています。

毎日の靴の手入れで厄落としを

では、靴に関してどんな点に気をつければ開運につながるのでしょうか。

まず、手入れの行き届いた靴であることが大前提です。風水では靴についた汚れを厄、すなわち悪い運気と考えます。外回り営業などにより、社員は幸運をカバンに詰めて持ち帰ってくるわけですが、それと同時に厄もあわせて持ち帰ってしまいます。厄を放置しておくと大地からの運気吸収率がどんどんダウンしていくので、できれば毎日靴の手入れをして厄落としをすべきなのです。

また、つま先がとがっている靴はあまりおすすめできません。そのとんがりは風水的に見ると、相手に凶意を与える、つまりその人の運気を下げようとしていると誤解され、人間関係が険悪になる可能性があります。さらに、ベルト、カバンとの相性も大切です。例えば、ベルトとカバンが茶系の革素材であるのに、靴は黒のビニール素材では運気が上がってきませんので注意してください。

さらに開運！

会社の評判を◎にする!!

ワンモアビジネス風水②

「運転手の休憩室」が地下にある会社は悪い噂が広がりやすい

「秘密は地下で漏れる」と風水では言います。風水の言葉は、長い時間をかけて人間の行動原理を研究し、導き出されているのですが、この言葉もその一つです。つまり、人間というのは、地下のような「暗いところ」に行くと心にしまっておかなければならないことを誰かにしゃべりたくなってしまうものなのです。

そこで、地下に運転手の休憩室や待機スペースがある場合をイメージしてみてください。大きな企業であれば、さまざまな会社の人間が社用車でやってきます。商談の間、社用車の運転手は時間を持て余し、会話を始めます。そこは秘密をしゃべるのに最適の空間。週刊誌からも明らかなように、盛り上がる話題は当然ゴシップです。会社としては広がってほしくない内容が、しかも尾ひれがついてどんどん広がっていくことになるのです。評判を高めたいなら「地下に駐車場があるのだから仕方ない」と思わず、運転手の休憩室や待機スペースを地上に移動するべきです。

地下の持つパワーはさまざまな場面で応用可能

この「秘密は地下で漏れる」という言葉は、さまざまな場面に応用できる言葉でもあります。例えば、取引先と極秘会談をしたいけれども他の誰かにそのことを悟られたくないなら、地下で会うのを敢えて避けるようにします。そうすれば、他人に疑われずに済むでしょう。また、取引先のグチをだらだらと聞かず、さわやかな会食をしたいと思っているなら、地下のお店ではなく、開放感のあるお店を選ぶべきです。

逆に、取引先や部下から核心部分を聞き出したいと思うなら、地下にあるお店に誘うのがおすすめです。雰囲気につられ、つい本音が漏れてくるはずです。日本酒などのお酒を飲みながら話をすれば、相手はさらに心を許すことでしょう。

地下という空間が持つパワーを有効活用してみてください。

さらに開運！
会社の評判を◎にする!!
ワンモアビジネス風水③

「汚れは自分でそうじ」という社長の心構えが開運を導く

成功している経営者の共通点として挙げられるのは、「自分を大事にしていること」だと思います。自分の存在、自分の生き方を大事にし、より良くしようと心がけているからこそ、ビジネスで成功できるのです。これは当然のことです。自分を大事にできない人間が、取引先を大事にしたり、従業員を大事にできるはずがありません。

ですから、この本を手に取られた方には、ぜひ自分を大事にするという気持ちをよりいっそう高めていただきたいと思います。その気持ちが運を呼び込もうという意識につながり、その意識が幸運を呼び込むパワーになっていくのです。

感謝や愛情があればきれいに扱いたいと思うのは当然

ただし、自分を大事にするということは、エゴイスティックに生きるとか、ナルシシズムに走ることを意味しているわけではありません。そうではなく、身の回りのものを大切にすることが自分を大事にすることなのです。

日本には「袖振り合うも他生の縁」や「一期一会」といった素晴らしい言葉がありますが、現在おつき合いのある人たちに対し、「こうして出会えたのは何かの縁」という感謝の気持ちを抱き、全精力を傾けて接することができるかどうか。これが成功の分かれ目になってきます。

これは身の周りの備品に対してもまったく同じことが言えます。例えば、社屋の汚れを見つけた時に「担当の人間を叱ってさっそく掃除をさせよう」と思う経営者も多いのではないでしょうか。けれども、社屋を愛おしく思い、本当に大切に扱いたいと思っているなら、ぞうきんを持って自ら磨いてしまうべきです。

会社に注ぐ経営者の愛情が深ければ、従業員たちは必ずそれに倣います。その結果、会社の評判は必然的に上がっていくのです。

さらに開運！会社の評判を◎にする!! ワンモアビジネス風水④

社長宅の「キッチンの換気扇」は会社の評判を左右する場所

風水では、風や香りが人間関係に大きな影響を与えると考えます。とくに、人の噂は風に乗って運ばれるとも言われています。ですから、会社の評判を気にするなら、クーラーの送風口や換気扇などの風を起こす部分を清潔に保つことを忘れてはいけません。

経営者、とくに男性経営者がおろそかになりがちなのが、自宅のキッチンに関する目配りです。調理は基本的に妻に任せきりでキッチンに立つこともあまりなく、忙しいという理由で大掃除も家族に委ねて……という人も多いのではないでしょうか。そうなると、会社の評判を落としかねません。なぜなら、自宅キッチンの換気扇は、近所の方々の噂を左右する部分だからです。

近所の人たちは日頃の風水次第で敵にも味方にもなる

近所の方々というのは、経営者自身のスキャンダルなどによって会社の評判が悪くなった時、強力な味方となって世論の方向を変えてくれる存在です。ただし、これは日頃から風水をしっかりと行っている経営者にのみ当てはまることです。換気扇の掃除を怠り、近所の方々との関係を悪くしている場合は、会社の評判をさらに悪化させる存在になってしまうのです。近所の人たちは、味方にも敵にもなる、非常に怖い存在であることをしっかりと自覚しておくべきでしょう。

換気扇の他にも気をつけたいのはゴミの問題です。ゴミは異臭を発し、風水的にも忌み嫌われるものだからこそ、慎重に扱わなければなりません。しっかりと分別をし、ごみ収集日時を守るなどの細かいルールの遵守が、評判ダウンの予防につながります。

会社の評判は仕事関係の人とのみうまくやっていれば良いわけではなく、家の周りの方々との関係もとても大切なのです。けれども、実際には自分の身に何かトラブルが起こってからその事実に気づく人が多いようです。

第3章「会社の評判を◎にする!!ビジネス風水」まとめ

●玄関が「幸運の出入口」であることを理解し、効果的な風水を実行していましたか?
●開運アイテムである靴の厄は、毎日しっかりと落としていましたか?
●地下が持つパワーを知らず、運転手の休憩スペースを地下に設けてはいませんか?
●会社が汚れていたら、自らぞうきんを持ち、愛情を込めて掃除してきましたか?
●自宅の換気扇をきれいにし、御近所との関係を良好に保っていますか?

第4章

営業力倍増!!のビジネス風水

社員の営業成績を伸ばし、
事業を拡大していくための
風水術

Q.

新規開拓がうまくいかず、
数字が伸びず手詰まり状態です。
どうすれば良いのでしょうか?

A.

それでは、社員が仕事をしている「オフィスルーム」の診断をしてみましょう。

開運！営業力倍増!!のビジネスレイアウト風水

情報を呼び込む「東方位」のパワーが開運のカギを握る

朝日が立ち上る方位は、情報のやってくる方位

会社の営業力を伸ばすために、絶対に必要な力があります。それは情報力、つまり質の高い情報を競合他社に先んじて得る力です。

経営者は「次の一手を打つための質の高い情報」を得ることで、他社と差別化を図る

戦略を立てることができます。また、営業社員は「顧客を満足させるための質の高い情報」を得ることで、取引先やお客様との会話がはずみ、この相手となら取引を始めたい、拡大したいと思わせることができます。

風水的に見ると、情報をつかさどるのは東方位です。風水では「生態系の生みの親」とも言われる太陽を地球のエネルギーと捉え、とても大切に扱っています。そして、太陽の現れる東方位には、ものごとの始まりをつかさどるパワーがあり、新しく有益な情報はこの方位からやってくると考えられているのです。

社員全員が東に顔を向けるレイアウトで開運

そこでまず、東方位のパワーを吸収し、営業力をアップするビジネスレイアウト風水術をアドバイスしていきます。それは、全ての営業社員が東側に顔を向けて座れるようにデスクを配置すること。ここで気をつけたいのは、全員が向いていることです。他のみんなは東を向いているけれど、部長だけが東の窓を背にしてみんなと向かい合っている、という配置では意味がありません。そのグループを統括するキーマンが情報力を得ていなければ、個々がいくら風水的な努力をしても効果が半減してしまうからです。

さらに、営業系社員のオフィスルームを会社の間取りの東側に配置すると情報力アップのパワーが高まります。また、東側に出入口のある部屋を選ぶというのも、風水的に効果があります。営業力をアップするなら、東方位に徹底的にこだわってください。

ブルーと赤を貴重にしたインテリアが◎

オフィスのインテリアカラーにも気を配るべきです。おすすめはブルーと赤。ブルーは青空や海、赤は朝日を象徴し、東方位から得られるパワーの吸収度を高めてくれます。どちらもビビッドな色ですから、オフィスの基調色にするのは難しいと思う人がいるかもしれません。その場合は、マウスパッドや引き出しなど、できる範囲でこの二色を取り入れてください。ブルーは「冷静」、赤は「情熱」を与えてくれるカラーでもあり、この二つをバランス良く備えた営業社員を育てる上でも最適の空間になるでしょう。

逆に、営業社員のオフィスルームで使い過ぎてはいけないのが黒です。黒のモノトーン空間になっていたり、パーティションやデスクなどの大きなインテリアが黒だったりすると、風水的には陰の気が働いてしまい、空間の開運度は下がってしまいます。ベージュや薄いグリーンのやわらかな暖色系を取り入れると良いでしょう。

第4章

営業系社員のオフィスルームの理想的なレイアウト例

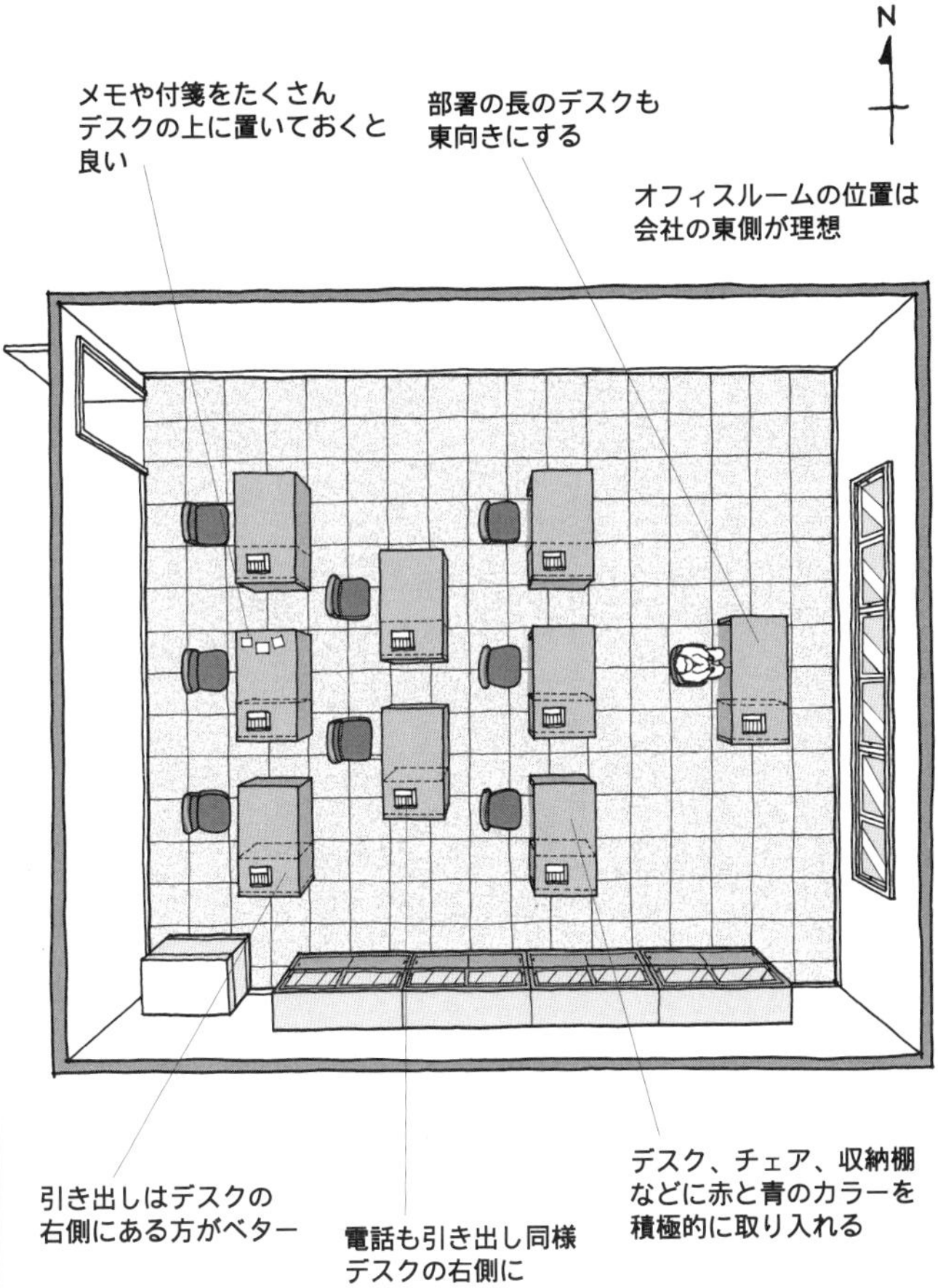
N
メモや付箋をたくさん
デスクの上に置いておくと
良い
部署の長のデスクも
東向きにする
オフィスルームの位置は
会社の東側が理想
引き出しはデスクの
右側にある方がベター
電話も引き出し同様
デスクの右側に
デスク、チェア、収納棚
などに赤と青のカラーを
積極的に取り入れる

さらに開運！
営業力倍増!!のワンモアビジネス風水①

「営業車」を開運空間に変える風水で成約率アップ

風水が別名「環境整理学」と呼ばれていることは前に述べました。開運するには、身の回りの環境をいかに整えるかが大きなポイントです。

ところで、営業の中には、あるエリアの担当者を決め、その担当が営業車に乗って一日中外回りをするスタイルがあります。この場合、担当営業者がいちばん多くの時間を過ごす場所は、社内ではなく、営業車の中なのです。となると、営業車が開運空間になっているかどうかが、営業成績を左右する大きなポイントになります。

では、開運度を上げるためには営業車をどうすれば良いのでしょうか。風水は汚れと湿気を非常に嫌いますから、厄を背負いこまないようにするには車内を清潔に保つことです。飲みかけの缶を置いたままにしていたり、タバコの吸い殻入れがいっぱいになっていたりすれば、運気がどんどん下がっていきます。車のボディの汚れも同様です。白い車体がベージュに変わっていたり、ワイパーの動く部分だけ窓が見えるような状態ではまったく運気アップを望めません。さて、営業車は、はたしてどうなっていますか?

社員の特徴や進捗状況に合わせて芳香剤を選ぶ

営業車を開運空間にするために、花の香りを効果的に取り入れるのも一つの方法です。例えば、ジンチョウゲの香りには、やる気やがんばりを促すパワーがあります。ラベンダーの香りは、ワンランク上の成功を手に入れるためにチャレンジする気力を与えてくれますし、キンモクセイの香りは、今までの努力を実らせる力を持っています。社員の特徴や仕事の進捗状況に応じて、芳香剤を使い分けると良いと思います。

また、車の右のドアポケットに黄色いアイテムを入れておくと金運が上がります。さらに、ダッシュボードの中に一〇グラムほどの粗塩を半紙にくるんで入れておけば、事故やトラブルを防ぐパワーが得られます。

さらに開運！営業力倍増!!のワンモアビジネス風水②

ビジネスマンのキーアイテム「携帯電話」で流行をチェック

風水には「流行の場所にはどんどん出かけよ、流行のモノにはどんどん触れよ」という考え方があります。なぜなら、流行の場所やモノにはそれだけ人を引き付ける力があり、その場所に行ったり、そのモノにじかに触れることで、そこに集まる人達の持っている運気を自分に吸収できると考えているからです。東京で言えば、六本木、汐留、品川などさまざまな地域が開発されていますが、経営者は忙しい時間の合間を縫ってニューオープンのスポットに足を運ぶべきだと思います。新しい運気が手に入るのはもちろん、思いも寄らなかった経営上のヒントを得ることもあるはずです。

さて、現代の流行をリードしているビジネスツールと言えば、携帯電話をおいて他にありません。電話機能はもちろん、インターネットによる検索機能、メール機能など、今や情報入手の重要なカギを握っています。

自分で使いこなせないなら情報収集できる体制作りを

それだけに携帯電話における風水は、とくに若い人向けであったり、新開発を手がけている企業にはとても重要です。携帯電話は一年ごとに新機種に買い換えをすると、情報の運気を逃さずにすむでしょう。これは、経営者にも従業員にも言えることです。

ただし、年配の経営者の方だと新機種は機能が多過ぎてとても使えないと嘆くことも多いでしょう。その場合は、若手営業社員の買い換えを推進する制度を作るとともに、今携帯電話でどんなことが流行っているのかを若手営業社員から教えてもらえる雰囲気づくりをしておくべきでしょう。そうすれば、経営者自身の情報への反応力は飛躍的にアップします。また、営業社員はユニークな情報を集めようというモチベーションが上がり、結果として営業での会話レベルも格段にアップしていきます。

携帯電話の持つパワー、恐るべしです。食わず嫌いの方は関心を向けてみてください。

さらに開運！
営業力倍増‼のワンモアビジネス風水③

「酢の物系」を食べてタイミングの良いトークを

商談での話の進め方も前日にしっかり打合せをし、どこが訴求ポイントなのかも具体的に決まっていたはず。なのに、いざ取引先と対面すると、言うべきタイミングを失ってしまい、「ま、一度上の者とじっくり相談してから返答させていただきます」というコメントしかもらえない。そして、後日いただいた返事はもちろん「ノー」……。そんな営業社員を抱える経営者の方も多いと思います。

このような営業社員に共通しているのは、間の悪さです。たとえ同じ内容でも、言うべきタイミングの違いで、成約にこぎつける場合もあれば、相手の心を一気に冷めさせてしまう場合もあります。逆に、他の社員に比べて特別な内容を話してるわけでもないのに、数字を上げているという人も必ずいるものですが、そういう社員は、タイミングの良さの重要性を心得ている人間だと言えます。

営業前に一品いただくことで効果を発揮

そこで、タイミングの良さを身につけ、営業成績をアップさせる風水術をアドバイスしましょう。それは営業前に「酢の物系」の食事をいただくことです。

風水的に見ると、食事というのは「運気を体内に入れる行為」です。そして、お酢を使った料理は、タイミングの良さを与えてくれ、やる気を引き出してくれるパワーを持った食べ物だと考えています。お酢を使った食べ物と言えば、お寿司やマリネ、野菜の酢の物などたくさんあります。また、最近では黒酢などの「飲むお酢」も人気です。営業に伺う前にこれらをいただいておくと、快活でタイミングの良い営業トークができるようになり、それが成績向上につながってくるはずです。午前中の営業には朝食、午後の営業ならランチで一品いただければ、きっと効果を発揮するでしょう。経営者の方は、社内でぜひすすめてみてください。

さらに開運！
営業力倍増!!のワンモアビジネス風水④

仕事運アップの「寝室風水」を営業社員に徹底する

人は、寝ている間に運気を吸収します。「ぐっすり寝て、明日の英気を養う」という言葉がありますが、風水的に見てもこれは正解です。寝ている間に家の中を流れている良い運気を取り入れるからこそ、翌朝に元気が出るのです。つまり、精気あふれる仕事をしてもらうためには、家の中でもとくに寝室がカギを握っています。やる気が出なかったり、今の仕事が向いているかどうか悩んでいる営業社員がいる場合、寝室が開運空間になっていないことが多いのです。

では、どのような寝室が仕事の運気をダウンしてしまうのでしょうか。まず、部屋の中が散らかったまま、ベッドや布団は使いっぱなしというように、仕事の忙しさを理由に「寝室は眠るだけ」状態になっているのは良くありません。きれいに掃除をし、換気をさせるべきです。

東枕にし、目覚まし時計も部屋の東にセット

営業社員の寝室の開運度を上げる風水アドバイスとしておすすめしたいのは、部屋の中心にベッドや布団を配置し、東に頭を向けて眠ることです。情報と情熱の運気がアップするからです。目覚まし時計を寝室の東側にセットすればさらに効果的です。ちなみに、経営者には人間関係運や金運が上がる北枕がおすすめです。

次に、ベッドや布団です。風水では「出世したいならなるべく大きなベッドや布団で眠れ」と言います。これはサイズはもちろん、品質のことも指しています。シングルよりもセミダブル、アクリル混の布団よりも羽毛布団というわけです。営業社員に成績を上げさせ、自分のランクを上げさせたいなら、これをすすめても良いでしょう。ただし、寝室がいっぱいになるようなベッドを置くと逆効果です。また、布団の下にマットを敷く人も多いようですが、大地からのパワーを吸収できなくなるのでおすすめできません。

第4章

「営業力アップ!!のビジネス風水」まとめ

●情報の重要性を理解し、東のパワーを吸収する風水を行っていましたか?

●営業車も空間の一つだと認識し、注意をはらってきましたか?

●現代のキーアイテムである携帯電話の風水を実行してきましたか?

●酢の物系のものを食べてタイミングの良さを育てる風水を知っていましたか?

●営業社員が仕事運をアップする空間で寝起きしているかチェックしていましたか?

経営者ならば常に心に留めておきたい

風水格言1month

Part 1

【1～15日目】

1日目

失敗の原因より成功の原因を突き止めよ

ツイている人というのは、良いことがあった時の環境をしっかり頭に入れます。次回も同じ状況を再現すれば、良いことが起こる確率が高くなるからです。これを「縁起」と呼びますが、単に一つのアクションだけでなく、持ち物、服装、食べた物などさまざまな要素を覚えておくべきです。

2日目

お金を使って厄を落とすと幸せになれる

風水では、お金を使うことイコールたまっていた厄を一掃する行為と考えます。無目的にお金をためていては、運がダウンしてしまうのです。お金がたまったら惜しまず使いましょう。ただし、無目的な散財ではなく、何が次の運気をもたらすかを真剣に考え、それに投資すべきです。

3日目

ブランドの服を着るより幸運の服を着たほうが儲かる

風水ではブランドアイテムの着用をすすめています。けれどもそれは流行のパワー、品格を上げるパワーを通して、良い運気が得られるから。つまり、あくまでも開運のためです。より幸運をもたらしてくれる服があれば、迷わずその服を着用しましょう。それが風水流です。

4日目

逃したチャンスは自分のものではなく初めから他人のもの

よく「自分の人生を左右したかもしれない機会を逃してしまった」としきりに悔やんでいる人がいます。けれども、風水では「逃したチャンスは自分のものではなく、初めから人のものだった」と考えます。本当のチャンスは、あなたが逃してしまっても何度でも追いかけてくるものです。

人との二人三脚を考えるように建物との二人三脚を考えよ

風水では建物も人間と同じように喜怒哀楽を持った生き物だと考えます。スタッフ間のコミュニケーションについては熱心に論議がされますが、果たして自分たちの使っているビルやお店に対してはどうでしょう。きちんと感謝の言葉をかけたり、しっかりと休ませてあげているでしょうか。

6日目

商売には天運と地運と人運が必要

天運は、天体の動きによって左右される運、地運は家相など環境を整えることで得られる運、人運は人間関係や人の巡りの運を指します。ビジネスの結果が出ない時は、この3つのジャンルのどれかに原因があるはず。冷静に考え、原因を自分で見出せる力を備えたいものです。

7日目

ものごとを成功させたいなら鼻歌まじりでやれ

「鼻歌まじり」は、上機嫌で物事を行うことの例えです。肩に力を入れてがんばるより、楽しみながらやるのが風水流の成功の極意です。「～しなくては」もNG。義務だと思って物事に向かうと良い結果は望めません。何をするにも口角を上げて笑顔を作り、鼻歌からスタートです。

8日目

家は幸せになるための道具である

オフィス空間はもちろん、ビジネスをする人間にとっては自宅がどれだけ開運空間になっているかが重要です。また、開運空間にしようとする中で、家族にもより大きな愛情を持てるようになるはずです。大金を投じた買い物なのに、単にローンに苦しむ道具に過ぎないのでは寂しすぎます。

9日目

幸運はせっかちが好き

チャンスは逃げ足が速く、次の瞬間にははるか彼方に移動しています。「どうしよう」と悩まずに、直感で好機と感じたら、その場で手を伸ばしてつかむ勇気を持ちましょう。「チャンスは貯蓄できない。尻込みせずにその場で使え」と、アメリカの政治家・キッシンジャーも言っています。

10日目

凶方位に行った時はムダなお金を使え

ムダなお金とは、自分のための散財ではなく、他人のために使うお金のことを指しています。風水的に良くない方位に行かざるを得ない場合があります。その結果起こる凶作用を打ち消してしまうためのアクションです。お金を使うのではなく、他人のために働いても同じ効果を得られます。

11日目

たとえ照れ隠しでも「お金がない」と言ってはいけない

謙そんは日本人の美徳と思われがちですが、風水では良しとしません。「言霊」（ことだま）という言葉があるとおり、日本では古来より「言葉にはそれを実現するパワーがある」と考えられてきたのです。お金がなくても「がんばって貯金しています」とにっこり笑って答えれば良いのです。

12日目

迷った時は生返事

「どっちつかずはいけないこと」と多くの人が思っているようですが、風水ではそのように考えません。「迷ったら答えを出さない」が正解です。迷いながら導き出す結論というのは、たいていの場合良い結果に結びつきません。とりあえずその件は保留にして、他の用事を先に済ませましょう。

13日目

ツキのない時は街へ出よ

銀座、渋谷、新宿など東京の繁華街を風水的に見ると龍脈が通っています。龍脈とは幸運の通り道のことで、そこに足を運ぶとツキが上がります。最近、ツキが落ちてきたと感じたら、人混みの多い街にどんどん出かけるべきです。家でダラダラしていると時代の波にも乗り遅れてしまいます。

14日目

品格はお金の扱い方に表われる

どんなに見た目の印象が素晴らしく、上品な衣装に身を包んでいても、お金の扱い方を見れば本当に上品かそうでないかはわかります。すぐにお金を貸してほしいと頼んだり、期日になってても借りたお金を返さないような人物は、信用すべきではありません。

15日目

もっとも借りにくい人からお金を借りよ

風水は、安易なお金の貸し借りを嫌います。ただし、経営していく上ではお金を借りる場合が出てきます。その際は、もっともお金を借りにくい人から借りるべきです。「絶対に返さなければ」という自覚が高まり、金銭管理が丁寧になって、結果的に借金の返済がスムーズになります。

第5章

トラブル回避・不祥事予防!!のビジネス風水

予期せぬ事態で
突然の終わりを迎えないための
風水術

Q.

まじめにやっているのに、なぜか
トラブルに巻き込まれ、困っています。
いったい何が悪いのでしょうか？

A.

それではトラブルや不祥事を回避するため、「トイレ」の間取りを診断してみましょう。

開運！トラブル回避・不祥事予防!!のビジネスレイアウト風水

トイレのレイアウトを改善すれば「ダマされない力」が手に入る

盛り塩、香り、ラベンダー色のアイテム

「水場の管理を怠ると厄に見舞われる」と風水では考えます。なかでもトイレはトラブルや不祥事を予防する上で非常に重要な場所です。昔の日本家屋においては「不浄なスペース」とみなされ、母屋には入れてもらえず、別棟に設けられていたほど。災いを起

こさないよう、とくに念を入れて掃除をしていた場所なのです。

掃除はもちろんですが、風水的にはどのようなことができるのでしょうか。一つは、「盛り塩」です。第1章でも説明しましたが、塩には厄落としの力があります。小皿に粗塩を一〇グラムほど盛り、トイレの中に置きましょう。また、「香り」も厄を払う上で非常に大切です。芳香剤を切らさないように注意してください。そして、窓のないトイレの場合、ぜひトイレの中に「ラベンダー色のアイテム」を置いてください。風水では、ラベンダー色のアイテムを置く事によってトイレの水を浄化するパワーが働きます。これらはトイレがどの方位であっても共通する風水です。

トイレが会社のどこにあるかでトラブルは違ってくる

では、次にトイレの方位別風水術をアドバイスします。ぜひ実践してみてください。

【東北側にあるトイレ】健康を害し、交通事故などの突発的なトラブルに巻き込まれる可能性あり。この方位と相性の良い白や赤のアイテムを飾ると運気ダウンを防げます。

【東側にあるトイレ】間違いファックスや間違いメールなど、つまらない情報のミスで大きなトラブルが起きる可能性あり。赤やブルーのアイテムをトイレに飾ってください。

【東南側にあるトイレ】社員同士のくだらない話が思わぬ噂となって大きな不祥事やトラブルにつながる可能性あり。花柄やストライプ柄のアイテムを置くと効果があります。

【南側にあるトイレ】ちょっとした争いが裁判沙汰にまで発展したり、税金問題で揉める可能性あり。グリーンやオレンジのアイテムを飾ると良いでしょう。

【南西側にあるトイレ】働かないのに上司の悪口ばかり言う社員が多くなり、それが原因で会社の評判が悪くなる可能性あり。山吹色や茶色のアイテムを飾ってください。

【西側にあるトイレ】社長や上司など、会社の中心人物の遊び過ぎがトラブルの大きな原因になる可能性あり。この方位に良い黄色やピンクのアイテムを飾ってください。

【北西側にあるトイレ】適材適所に人が配置されない、人事への不満がトラブルの素になる可能性あり。ゴールド、ベージュ、グリーンのアイテムが効果を発揮します。

【北側にあるトイレ】誰も責任を取ろうとせず、信頼感がまったくない会社になってしまう可能性あり。ピンク、ワインレッド、ブルー、白などがおすすめのカラーです。

【中心にあるトイレ】タイミングの悪さが命取りになって、大きなトラブルを招いてしまう可能性あり。ドット柄や黄色、ラベンダー色のアイテムがトラブル予防に力を貸してくれます。

第5章
トイレの理想的なレイアウト例（東北方位のトイレの場合）

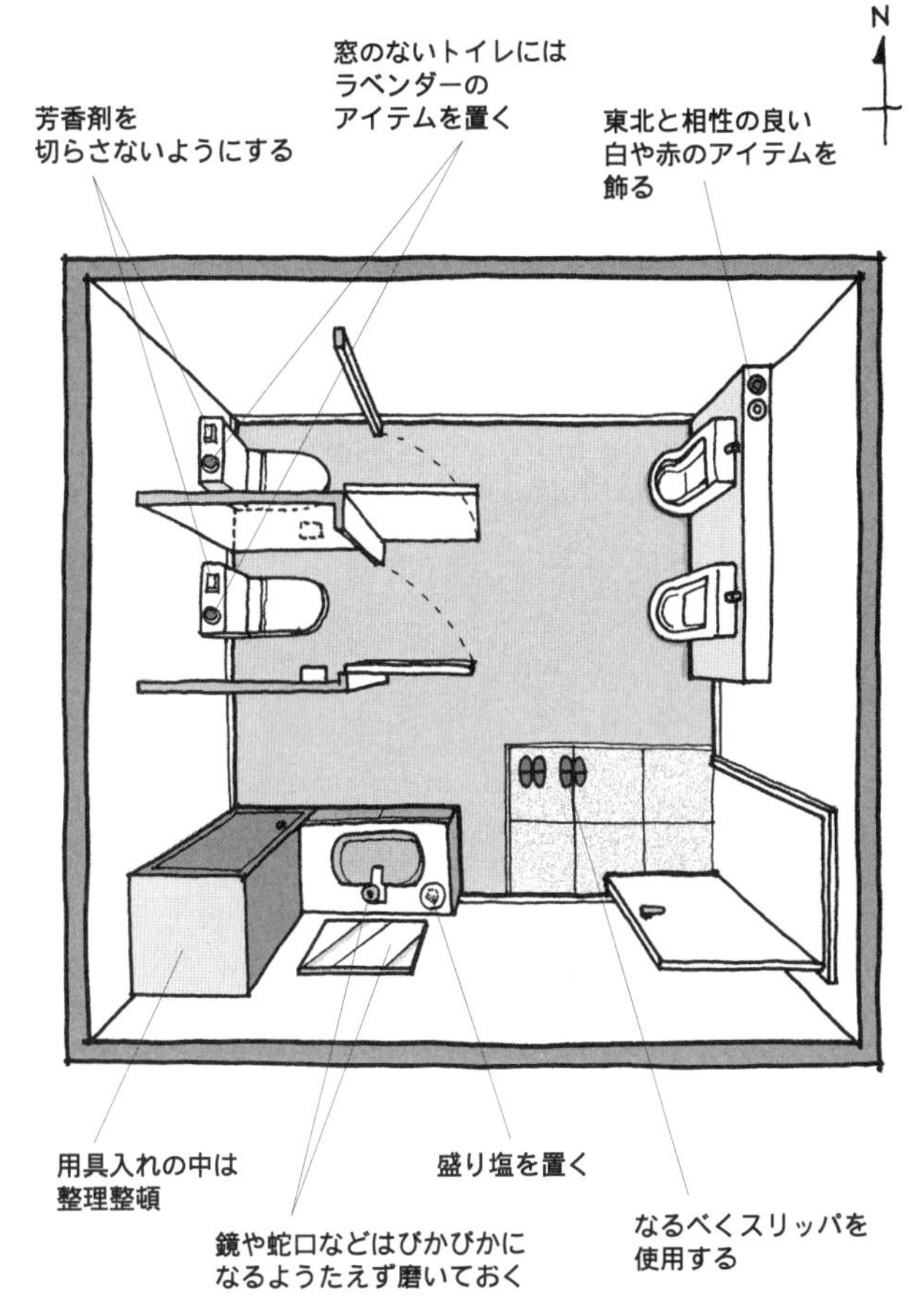
N
窓のないトイレには
ラベンダーの
アイテムを置く
芳香剤を
切らさないようにする
東北と相性の良い
白や赤のアイテムを
飾る
用具入れの中は
整理整頓
盛り塩を置く
なるべくスリッパを
使用する
鏡や蛇口などはぴかぴかに
なるようたえず磨いておく

さらに開運！トラブル回避・不祥事予防!!の
ワンモアビジネス風水①

「金運のない社員」を見定めてお金のトラブルを遠ざける

お金のトラブルに悩まされている会社には、必ずと言って良いほど金運のない社員がいます。では、金運のない社員とはどのような人でしょうか。いくつか挙げてみます。

まず最初は、物事を何でも悲観的に捉えたり、斜めに見ようとする社員です。貧乏神のように、発言や行動によって周囲を暗くさせてしまう社員は要注意です。

次は、夢や願望が特にない社員です。自分なりの夢を実現しようとしている人には、その夢に応じた金運がやってくるものです。将来のことを聞いても「別に決めてないいんですよね」とか「流されるままっていうか」といった答えが返ってくるようでは、金運のない社員の可能性があります。ただし、若い社員の場合、その世代特有の照れ隠しで、実際は熱心に仕事に取り組んでいる場合もあるので、慎重に観察することが大切です。

「虚栄心が強い」「お金の価値観が違う」も×

虚栄心が非常に強い社員も、金運から見放されてしまいます。他人の手柄をさも自分がやったことのように演出し、自分の中身のなさを常に埋めようとする人物です。自分を成長させようという努力が見られないので、少し観察していればすぐにわかります。

また、お金に対する価値観が違う人というのも当てはまります。とくに小さな会社においてこれは言えるでしょう。「これにこんなに払うなんて高い」「これにお金を使うなんてムダだ」といった捉え方において、ある従業員との間に決定的な溝が生じているなら、経営者としてはその従業員に会社を去ってもらったほうが良いでしょう。

これらは「ギャンブルで派手に負けて、会社のお金に手をつけた」「クラブの女性に入れあげた結果、借金がふくらみ、取引先からお金を借りまくった」という、目に見えるお金のトラブルメーカーと比べると、一見実害がなさそうに思えます。けれども、長い目で見ると大きな金運のチャンスを逃すことにつながるので注意してください。

さらに開運！

トラブル回避・不祥事予防!!のワンモアビジネス風水②

「壁の四方に棚」があるオフィスは病人が出やすい

忙しい会社ほど書類は増えていくものです。「仕事が一段落したら片づけよう」と気持ちはあるのに、息つく暇もなく次の仕事をこなしていれば、オフィスがどんどん手狭になってしまうものです。その結果、オフィスの四方の壁が全て収納棚で埋め尽くされてしまったという会社も多いのではないでしょうか。けれども、これはすぐにでも改善しなければならない事態です。

風水では「棚は凶」と考えます。なぜなら、凶方位に釘を一本打つだけでその方位からもたらされるパワーが変化し、運気がダウンする可能性があります。例えば、北方位なら「長年のビジネスパートナーなど親しい人間との信頼関係が壊れる」、北西方位なら「今まで頼ってきた目上の人から見放される」といった具合です。ですから、棚を備えつける際は非常に慎重に行うべきですし、むやみにつけない方が良いのです。

健康の面からも心理的な面からも悪いことばかり

釘一本によって方位がもたらすパワーが変わることのほかにも「棚が凶」と言われる理由はたくさん挙げられます。棚は部屋にほこりをためる原因になりますし、ダニの発生源にもなります。よほどこまめに掃除をしない限り、結果、そこで働く人間の健康をいちじるしく害してしまいます。また、狭い部屋に棚を作ると圧迫感を与えるので心理的なストレスもたまる上に、「終わったものは棚に放り込んでおけばいい」と無精な状態にさせてしまいます。また、棚が高い位置にあると地震の時にも心配です。体の健康の面からも心理的な面からも、悪いことばかりです。風水的に見ると、不要な書類は、まさに「厄」以外の何物でもありません。

要らないものを捨てる作業が、次の運気をオフィスに呼び込むことにつながります。オフィスの主役は書類ではなく人間。できるだけ広く保ち、快適に仕事をしてください。

さらに開運！
トラブル回避・不祥事予防!!のワンモアビジネス風水③
秘密の書類を入れるバッグは「モスグリーンと茶色」

私は、仕事柄いろんな方の悩みやトラブルの相談に乗っています。けれども、「なぜかトラブルや不祥事に巻き込まれやすい」と嘆いている人の中には、なるべくしてなったと言わざるを得ないような場合があります。つまり、その人自身のリスク管理の甘さを感じずにはいられないのです。

貴重品や秘密の書類を持ち歩く時、最悪の事態を含めてあらゆるケースを想定しているでしょうか。考えられるかぎりの事態をまず全てピックアップしてみて、さらにそれに備えて、複数で行動する、バックアップデータをとっておく、弁護士など相談できる人との人脈を作っておくといった対策を事前に打っておくべきです。生命保険に加入するのと同じで、「何の利益にもつながらないから無意味だ」などと思わずにひと手間かけていれば、いざという時に大きな損をせずに済むのです。

「安全」のグリーンと「安心」の茶色

トラブルを防ぐ備えをさらに効果的にしてくれるのが風水の力です。例えば、風水には「モスグリーンと茶色のバッグは秘密を守るのに最適」という考え方があります。苔などを連想させる落ち着いたグリーンは「安全」「永久」といったパワーを持っています。一方、大地や大木をイメージさせる茶色にも「安心」「秘密を漏らさない」という力が備わっています。ですから、重要書類を持ち運ぶ時は、この二色を組み合わせたバッグに入れておくことをおすすめします。ただし、日頃の備えなくしては、グリーンと茶色の風水効果は発揮されませんので、念のため。

ちなみに、グリーンには思い出を現在の力に変えたり、自分の才能をより発揮させるパワーがあります。茶色には夢を大きく育てたり、家庭を磐石にするパワーがあります。これらのパワーが欲しい時はファッションにグリーンや茶色を取り入れてみてください。

さらに開運！トラブル回避・不祥事予防!!のワンモアビジネス風水④

「お風呂の掃除」を徹底し「トイレの長居」は禁物

ビジネスの運気を上げるためには、会社だけではなく、自宅で過ごす時間にも気を配る必要があります。トラブルや不祥事を防ぐためには、自宅の水場、つまりトイレやバスルームで、風水的に良くないと言われていることを極力しないことがとても大切です。

まず、トイレの風水ですが、オフィスのトイレで述べたことは基本的に全て当てはまりますので、自宅の場合にも取り入れてください。また、「トイレで考えごとをすると良いアイデアが浮かぶ」という人がいます。気持ちはわからなくないのですが、これは絶対おすすめできません。なぜなら、風水的に見るとトイレは健康の運気をはじめとしたさまざまな運気を下げてしまうため、一刻も早く立ち去ってもらいたい場所だからです。同様に「朝はトイレで新聞を読む」という人も中にはいるようですが、これもいけません。トイレに長居するほど運気がダウンしていくことを自覚しておいてください。

バスルームでやってはいけないNGをチェック

では、バスルームでは、どういったことがNGとされているのでしょうか。

まず一つめは、お風呂のお湯をためたままにすること。風水では、たまっている水があると運気もそれに伴って停滞してしまうと考えるからです。使い終わったらバスタブはきれいに磨き、排水溝やカランもしっかりと掃除をしてください。二つめは、シャンプーやボディーソープが乱雑に置かれていること。これは、社内外の人間関係のゴタゴタを招く原因になります。三つめは、バスタブにフタをしないままでおくこと。これは、風水的に見ると「本来セットであるはずのものがない」ことを暗示しています。その結果、夫婦や家族とのコミュニケーションに亀裂が入ってしまいます。四つめは、毎日同じ足拭きマットやタオルを使っていること。思わぬケガや病気を招くことになります。もしも当てはまる項目があったら、すぐに手を打ってください。

第5章
「トラブル回避・不祥事予防!!のビジネス風水」まとめ

●トイレの持つ負のパワーを理解し、トラブル予防の風水を実践していましたか?
●金運のない社員がお金のトラブルを招いていることを知っていましたか?
●四方を棚に囲まれたオフィスで日々の仕事をしていませんでしたか?
●リスク管理を慎重に行った上で、風水の持つパワーを取り入れていましたか?
●自宅のトイレやバスルームで、やってはいけない風水をやっていませんか?

第6章

社員の企画力をアップさせる!!
ビジネス風水

会社の最大の財産
「人知」を活用するための
風水術

Q.
いくら会議をやっても社員から
斬新なアイデアが出てきません。
いったい何が悪いのでしょうか
?

A.

では、社員のアイデアを引き出すのに重要な「会議室」を診断しましょう。

開運！社員の企画力をアップさせる!!ビジネスレイアウト風水

「風水パワーに満ちた会議室」を作って社員のアイデアを引き出す

太陽エネルギーを吸収すれば「生み出す能力」が高まる

いくら会議を開いても、社員からは良いアイデアがまったく出てこない……そんな悩みを抱えている経営者は多いようです。社員を叱ったり、逆にニンジンをぶら下げたりすることで良いアイデアが出る可能性ももちろんありますが、「風水によって良いアイデアが出やすい会議室を作る」ことが一つの有効な方法だと思います。

では、どのようにすれば良いアイデアを生み出す会議室を作れるのか。さっそく説明していきましょう。

アイデアを生み出すエネルギーを私たちに与えてくれるもの。それは太陽であると風水では考えます。太陽は私たち人間を含む全ての動植物の根源であり、風水を活用して太陽のエネルギーを効果的に吸収すれば「生み出す能力」が高くなると考えています。つまり、太陽のエネルギーを取り入れた会議室でミーティングを行えば、社員の企画力アップを期待できるのです。

会社の東南あるいは南に会議室を配置

そこでまず、会議室は会社の東南あるいは南側に配置すると良いでしょう。なぜなら、東の太陽エネルギーが「芽吹くパワー」、西の太陽エネルギーが「実りのパワー」を与えてくれるのに比べ、東南や南の太陽エネルギーは「表現するパワー」を与えてくれるからです。そうすれば、初夏から盛夏にかけて葉が青々と広がるように、社員の体内に眠っていた能力を外に引っぱり出す役目を果たしてくれるでしょう。陽光をさんさんと取り入れた空間でミーティングをしてください。なるべく多くの人間が東南あるいは南側の窓に顔を向けて座れるように席を配置すると良いでしょう。

会議室のインテリアカラーは、東南や南と相性の良い白、ベージュ、オレンジなどの暖色系をベースにすると効果があります。カーテンやブラインドは、太陽の光を遮断してしまわないようなものを選んでください。

グリーン、ゴールド、クリスタルでさらに開運

会議室に置くと良いアイテムについても触れておきましょう。まず、一つめは観葉植物です。グリーンには「能力を最大限に引き出す」パワーがあるからです。二つめは、ゴールド系やクリスタル系といった光沢感のあるアイテムです。ゴールドには「ここ一番で自分を表現する」パワーが備わっていますし、クリスタルは「考え方をシンプルにする」パワーを持っています。例えば、灰皿はゴールドメッキやクリスタルのものを使うようにすると良いでしょう。観葉植物にゴールドのリボンを結ぶのもおすすめです。

これらの風水は企画系社員のオフィスルームにも応用可能ですので、広く活用してみてください。

第6章

会議室の理想的なレイアウト例

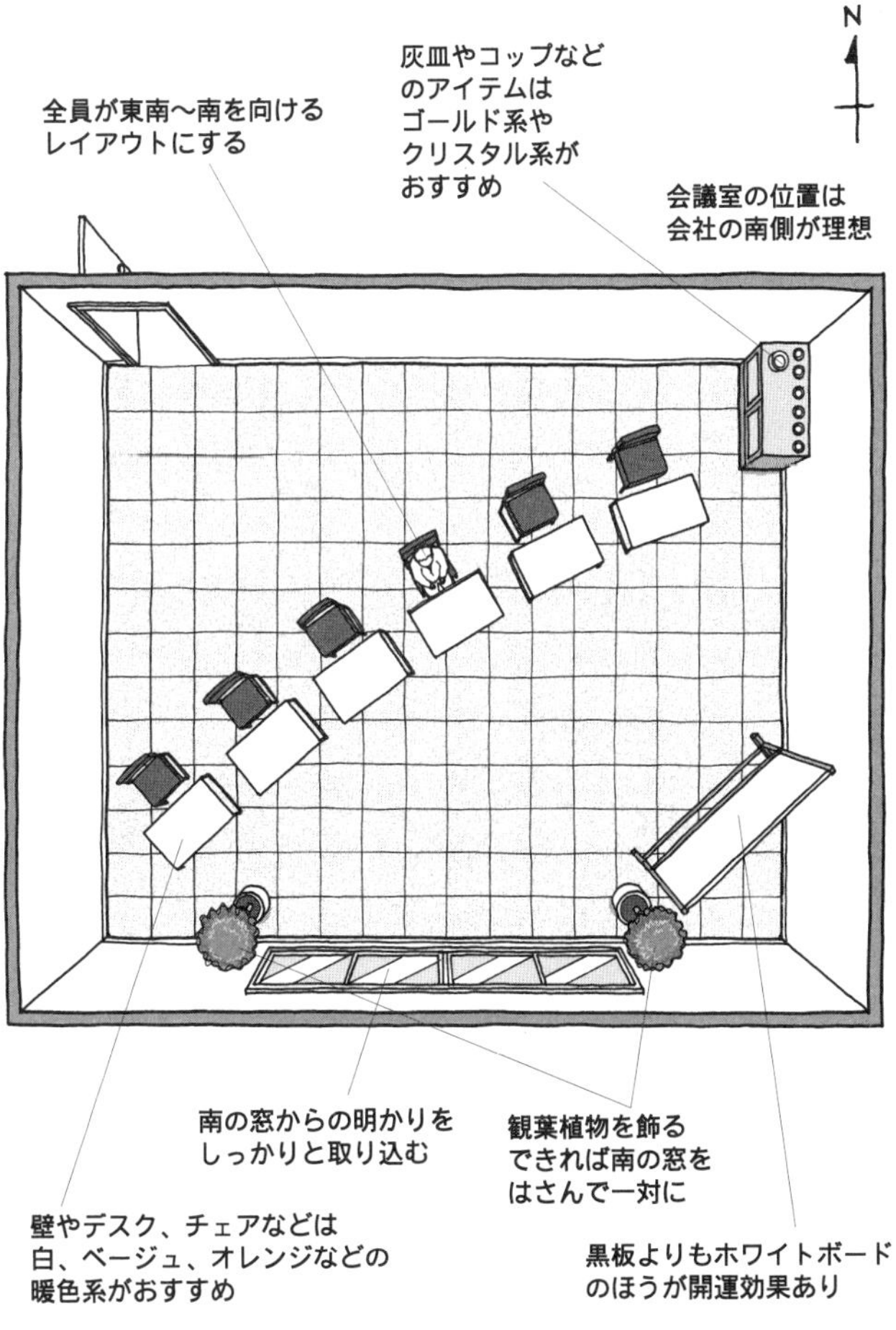
N
灰皿やコップなどのアイテムはゴールド系やクリスタル系がおすすめ
全員が東南〜南を向けるレイアウトにする
会議室の位置は会社の南側が理想
南の窓からの明かりをしっかりと取り込む
観葉植物を飾る
できれば南の窓をはさんで一対に
壁やデスク、チェアなどは白、ベージュ、オレンジなどの暖色系がおすすめ
黒板よりもホワイトボードのほうが開運効果あり

さらに開運！
社員の企画力をアップさせる!!
ワンモアビジネス風水①

プレゼンに強い社員を育てる「風水アイテム」とは？

企画力をアップするための空間についてはすでに述べましたが、会議の際に使用する事務用品にも気を配るとさらに良いアイデアが生まれます。

例えば、会議の資料をはさむ事務用ファイル。大半の企業が、「無難」という理由からグレーや水色、黒などのカラーファイルを選び、一括注文をしていることが多いようです。けれども、これは風水的に見ると非常にもったいない状態です。なぜなら、事務用ファイルも運気を高めるパワーを持っているからです。

では、会議の事務用ファイルをどのように使えば効果的なのでしょうか。この会議でぜひ自分の企画を通したいという人が持つべきは、情熱の象徴である赤のファイルです。
また、この会議でぜひ参加者からの了承を得たいと思っている人は、タイミングを良くしてくれるパワーを持つグリーンのファイルをおすすめします。大きな予算のプロジェクトに関する会議に出席するなら、金運アップのラッキーカラーである黄色いファイルを使うと良いでしょう。

有事の際、大統領が赤いネクタイをしている理由

有事の際、アメリカ大統領は赤いネクタイを締めてテレビ演説に臨むというエピソードをご存じですか。テレビでのアピール度が大統領の支持率や得票率を大きく左右すると言われるアメリカでも、赤というカラーが勇気を与え、団結を高める力があることが十分認識されているわけです。

このように、カラー風水はファッションに取り入れることでより大きな効果を発揮します。男性ならネクタイ、女性ならスカーフなど、相手の目につきやすい部分にワンポイントで使うと良いでしょう。また、欲しい運気に合わせてハンカチのカラーを使い分けるのもおすすめです。

さらに開運！社員の企画力をアップさせる!!
ワンモアビジネス風水②

社員のアイデアを引き出す食べ物は「シーフード」

風水では、食べ物それぞれに異なるパワーがあり、欲しい運気に合わせてメニューを選ぶべきだと考えています。

では、会議で良いアイデアがなかなか出ないことを悩んでいる場合、何を食べると解消できるのでしょうか。風水的におすすめしたいのは、エビ、カニなどの甲殻類です。これらの食材は、直感力をつけ、企画力を上げてくれるパワーを持っているからです。アイデアに煮詰まったらぜひ食べてみてください。

また、食材のほか、調理法や味つけによっても手に入る運気は変わってくると風水では考えます。例えば、もう少しテンションを上げて会議に臨んでほしい社員がいるとしたら、その人物にはエビチリソースがおすすめです。赤いチリソースが情熱を与えてくれるからです。また、鍋料理は人間関係の運気をアップしてくれるメニューです。大事な会議の前にメンバー全員の結束を固める場合には、エビやカニのたっぷり入った味噌味の鍋をいただくと良いでしょう。

マンネリ打破なら卵、上下関係を円滑にするなら乳製品

ちなみに、直感力をつけ、企画力を上げてくれる他にもエビやカニのパワーはいくつか挙げられます。例えば、人気運をアップしてくれる力です。しっかりと仕事をこなしているのに、実際の働きぶりに比べて評価が低い社員におすすめです。また、文才を上げてくれる力もあります。文章を書く業界の方や社内の印刷物を制作する担当の人が執筆前に食べると効果的です。

また、エビやカニと同じようなパワーを持つ食材としては、貝類が挙げられます。その他、会議のマンネリズムを打破したいなら卵料理、会議での上下関係をスムーズにするには乳製品がおすすめです。有効活用してみてください。

さらに開運！ 社員の企画力をアップさせる!!

ワンモアビジネス風水③

企画を生みやすくする「デスクレイアウト」がある

良いアイデアを生み出す会議室についてはすでに述べましたが、企画系社員のデスクまわりにも効果的な風水を行えば、良いアイデアが生まれる確率がさらにアップします。

まず初めに言っておきたいのは、風水的に考えると、会社のデスクは企画を考える場所ではないということです。なぜなら、会社のデスクは外からの刺激から遮断され、自分にとって馴染みやすい空間であり、ひらめきをもたらす材料がとても少ないからです。

デスクで頭を抱えながら、いろんなアイデアを思い浮かべようとしている社員がいると思います。けれども、デスクでは情報収集をしたり、浮かんだアイデアを整理するべきであって、アイデアを考えるべきではありません。このことをふまえて具体的な風水術をアドバイスしていきます。

デスク上の東西南北を生かして運気を上げる

風水では、四角いデスクにも方位があると考えます。イスの置かれている側が南、座って右手側が東、左手側が西、奥が北です。この法則は、オフィスのどこにどんな向きでデスクが置かれていても変わりません。

企画系社員のデスクでは、机の下の引き出しを右手側（東側）に置くべきです。右手側に引き出しを置くと座る位置が中心より左にずれるため、机の右手側スペースが広くなります。その結果、デスク上は風水的に見ると東のパワーが強くなり、企画系社員に必要な情報の運気がやってきます。また、パソコンや電話もデスクの右手側に置くのも、情報の運気を高める上で有効です。さらに、ひらめいたアイデアを良い形に仕上げるパワーを与えてくれるのが、ゴールドやシルバーなど光沢系のペンです。デスクの左右対称になるように同じペンを立てておくとパワーはさらに高まります。そして、やすらぎの場所にするために、デスクの上にはなるべくものを置かないことも大切です。

さらに開運！社員の企画力をアップさせる!!

ワンモアビジネス風水④

今までの「趣味・嗜好」を大胆に変えさせる

風水が別名「環境整理学」と呼ばれていることはこれまで何度か述べてきました。このように風水では環境を非常に重要視していますが、その応用編として「環境をガラリと変えれば新しい発想を呼び込める」という考え方があります。

環境を変えるための大きなアクションとしては、引っ越しがあります。変化に大きな影響を与える方位は東北なので、東北方位が自分にとって良い運気を与えてくれる時期（これを吉方位といいます）に引っ越しをするのがとても有効な方法です。また、東北方位が吉方位である時期の海外旅行もこれに準じる効果があります。

とはいえ、経営者としては社員に吉方位への引っ越しや長期の海外旅行を指示することは難しいものです。そこで、通常の会社生活を行いながらできる「環境を変える風水術」をアドバイスします。

食べるもの、飲むもの、服装も風水では「環境」

実は、風水においては、食べるものや飲むものも広く「環境」と定義しています。ですから、これまで好きだったものを敢えてやめてしまうことで、風水的に新しい環境を手に入れることができるのです。例えば、ビールを愛飲していた社員がウィスキー党に、コーヒー派の社員が紅茶派に変われば環境が変わり、その結果として新しいアイデアが生まれてくるわけです。ただし、徹底して変えてしまわないと効果はありません。

また、飲食と同様に風水では服装も「環境」とみなします。今まで気に入っていたファッションを変えることで、新しいひらめきがやってくるでしょう。ただし、黒を多用したファッションはNGです。陰のパワーが強くなり過ぎ、ひらめきを表現しようとする動きにブレーキをかけてしまうからです。服装はもちろん、髪型やメガネなどの小物をチェンジするのも効果的です。

第6章

「社員の企画力をアップさせる‼ビジネス風水」まとめ

●太陽のエネルギーを吸収できる会議室の風水レイアウトを実行していましたか？

●色の風水パワーを理解し、プレゼンテーションに活用してきましたか？

●エビやカニが、直感力をつけ、企画力を上げる力を持っていると知っていましたか？

●企画力を上げる社員のデスクレイアウトについて考えたことがありましたか？

●企画が浮かばない時、食べものや服装を変える風水で環境を変えてきましたか？

第7章

経費削減を達成する!! ビジネス風水

ムダな経費を防ぎ
ストックマネーを増やすための
風水術

Q.
交際費や人件費ばかり高くついて、なかなかお金がたまりません。まず何から始めれば良いでしょう？

A.

そうですか。それではまず「経理ルーム」の診断から始めましょう。

開運！経費削減を達成する!! ビジネスレイアウト風水

経理室や金庫が「不幸な場所」にあればお金は逃げてゆくばかり

風水的に見ると北は「理想の銀行」のような方位

「お金は暗くて涼しいところが好き」と風水では言います。暗くて涼しいところとは、この場合は北方位のことを指しています。

北は精神的な「気」を集中させる方位であると風水的には考えられています。正座して目をつむり、心静かに精神統一をしている状態を想像していただくと、北方位のイメージが湧いてくるかと思います。さらに、北は「宿す」「育む」「蓄える」といったパワーを持った方位であると考えられています。精神を安定させ、人生をなだらかに繁栄させてくれるパワーを持っている「理想の銀行」のような方位と言えるわけです。ですから、会社のどこに経理室を配置するかを考えるなら北方位がベストです。

なお、会社の北方位に玄関やトイレなどがあり、経理室が配置できない場合は、間取りの中心になるべく近い場所に経理室を置くと良いでしょう。

お金はさびしいと機嫌を損ね、集めてやると仲間を呼ぶ

「北に大きな山があれば財産が守られる」と風水では言います。経理室に黒い大きなもの、つまり金庫を配置すれば、会社からお金が漏れ出ていくのを防げます。

ただし、金庫の入口がどちらを向いているべきかは、業種によって異なります。東向きの入口は情報や新製品を扱う会社におすすめです。南向きの入口は才能や企画を売り物にしている会社、西向きの入口は楽しさをキーワードにする会社、北は水商売関係の会社の運気を開いてくれるでしょう。

また、風水では「お金はさびしがりや」とも表現します。お金を一カ所に集めて収納しておくと、お金が喜んで新しいお金を呼ぼうとします。逆に、いろんなところに小分けに収納してしまうとお金がさびしがって機嫌を損ね、逃げていってしまいます。ですから、しっかりした金庫を選び、一カ所で厳重に管理することをおすすめします。お金以外の貴重品も一緒に収納しておくと、さらに大きなお金の運気を呼べるでしょう。

インテリアカラーやデスクの向きも要チェック

経理室のカラーコーディネートも重要です。私は毎年「ラッキーカラー」を発表しています。ラッキーカラーとは、その一年でとくに大きな開運効果を持つカラーのことです。その年によって数が若干違いますが、例えば二〇〇四年の場合、メインラッキーカラーの一つとしてミルク色を挙げています。この色には環境をやさしくおだやかに改善するパワーがあり、経理室との相性も抜群です。毎年のラッキーカラーに注目し、経理室のインテリアカラーを考えると良いでしょう。

また、経理室のデスクは顔を東向きにしておくことが大事です。お金の管理には健全性や計画性が求められますが、東方位はこれらのパワーを与えてくれるからです。

第7章
経理ルームの理想的なレイアウト例

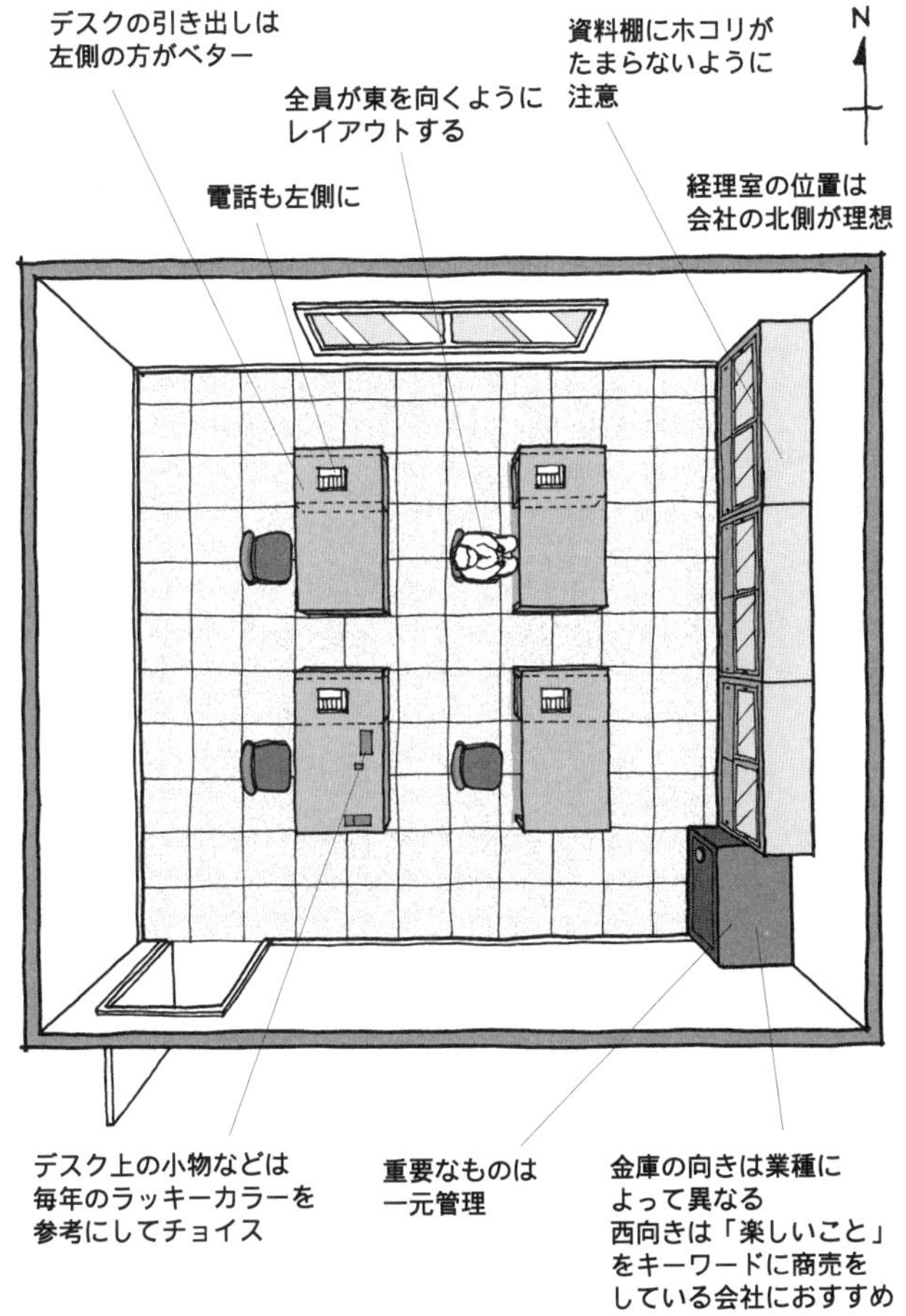
デスクの引き出しは
左側の方がベター
全員が東を向くように
レイアウトする
資料棚にホコリが
たまらないように
注意
N
電話も左側に
経理室の位置は
会社の北側が理想
デスク上の小物などは
毎年のラッキーカラーを
参考にしてチョイス
重要なものは
一元管理
金庫の向きは業種に
よって異なる
西向きは「楽しいこと」
をキーワードに商売を
している会社におすすめ

さらに開運！ 経費削減を達成する‼
ワンモアビジネス風水①

「西に玄関、東に水場」は人付き合いが派手になりがち

経理室の位置はもちろんですが、他のスペースの相関関係が悪くても経費削減を阻害する原因となります。なかでも「西に玄関、東に水場（トイレや給湯室）」がある間取りの場合、経営者や幹部が交際費に派手にお金を注ぎ込む可能性があります。

玄関は幸運の出入口です。西は金運の方位であり、玄関が西に向かって開いているのは悪いことではありません。西の玄関から入った幸運は、間取りの中心を通って東方位へと向かいます。ところが、東に給湯室やトイレという水場があるので、西の玄関から入ってきた幸運が一転、悪い運気に変わってしまうのです。さらに困ったことに、西は

楽しさをつかさどる方位でもあり、少しでも気を抜くと交際費としてお金が出ていってしまう危険を秘めています。交際費を派手に使っても「成約に結びついた」などの実が伴えば悪くはないのですが、この間取りの場合、あまり身にならない人物に振り回されて出費ばかりがかさむケースが多いようです。

ラベンダー色のアイテムも交際費削減に効果的

「西に玄関、東に水場」の場合、どのような風水処置が必要なのでしょうか。まず、玄関の照明は明るくし、水槽や大きな花瓶を置いているならすぐに移動をします。そして黄色や花柄、フルーツ柄のアイテムを飾ります。これで幸運の入口としての役割をより高めるとともに、金運を出にくくします。さらに、東の給湯室やトイレには赤、ブルー、ピンクのアイテムを飾って、水場のダメージを最低限に抑えます。

なお、この間取りに当てはまらないにも関わらず、交際費がなかなか切り詰められないと悩む経営者は、ラベンダー色のアイテムを身につけることをすすめます。ラベンダー色は、享楽的な行動に走りたい衝動を戒めたり、自分の身にならない人物を遠ざけてくれるパワーを持っているからです。

さらに開運！
経費削減を達成する!!
ワンモアビジネス風水②
「東北か南西に欠けや出っ張り」「東に玄関、西に水場」も要注意

前のページで「『西に玄関、東に水場』がある会社は交際費がどんどん出ていく」という話をしました。これ以外にもいくつか経費削減を阻害する間取りがあります。

その一つが「東北か南西に欠けや出っ張りがある」間取りの会社です。これは、社員が体調を崩しやすく、その健康管理のための出費がかさみ、なかなかお金がたまらない間取りと言えます。東北は別名「表鬼門」と呼ばれ、風水では神様がいると考えられているとても重要な方位です。また、南西は東北と対称的に別名「裏鬼門」と呼ばれ、健康を左右する方位と言われています。建物の間取りにおいてこの方位のどちらかが出っ

張っていたり、引っこんでいたりしていると、その建物の中で働く人たちが体を壊してしまう危険があります。このケースでは、まず東北方位に盛り塩をし、さらにこの方位と相性の良い白いアイテムを飾ります。また、南西方位には茶系のアイテムを飾り、毎日きれいに水拭きをしてください。そうすれば運気ダウンを抑えられるでしょう。

「東に玄関、西に水場」は社員の教育費がかさむ会社

また、「東に玄関、西に水場がある」間取りの会社も要注意。このまま放置すれば、社員の教育費がどんどんかかってしまう危険があり、しかも困ったことに、お金をかけたからといってその成果があまり望めないのです。

運気をダウンを防ぐには、まず東の玄関で風水を実行します。玄関を毎日水拭きをしてきれいにします。さらに、東は音と相性の良い方位ですから、玄関のそばで音楽をかけたり、風鈴のように音の出るものを飾っておきます。太陽をモチーフにした絵を飾っておくとさらに良いでしょう。次に、給湯室やトイレでは西の風水を行います。黄色い花や黄色い小物を飾り、ステンレス部分はしっかりと磨いてぴかぴかにしておくことです。これらの間取りに該当するなら、すぐに風水的処置をして出費を防いでください。

さらに開運！経費削減を達成する!!
ワンモアビジネス風水③

「会社がうまく回るだろうか」風水ではそんな弱音は厳禁

風水では、弱気な考え方を非常に嫌います。弱気な考えを持つと不平や不満が口をつき、その結果金運からどんどん見放されてしまうからです。常に前向きでいることは、開運するための大切な要素です。

経費削減を考える際にもこのことが言えます。つまり、経費削減をする意味をどう捉えているかが、成否を握る大きなポイントなのです。

経費をいかに削るかを考えなければいけない時というのは、会社の経営が決して順風と言えない場合が多いでしょう。資金繰りに追われていれば、「会社がうまく回るだろうか」と不安になってしまう気持ちも心情的には十分わかります。けれども、風水という学問の立場から見ると、このネガティブな気持ちは「百害あって一利なし」です。

窮地に立った時こそ風水の歴史を思い起こして前向きに

前書きでも触れましたが、風水はもともと古代中国の皇帝が国を治めるために使った「帝王学」とも言われる学問です。もちろん本書は経営者を中心としたビジネスマンのための風水術について記した本なのですが、皇帝のように現状を大きな視点、長期的な視点で捉えることが、開運する上でとても重要なのです。

ですから、大きな目標を掲げ、長期計画をしっかりと立てて経営を行うべきだと風水では考えます。それは立ち上げたばかりの会社であっても、ある程度安定した規模と実績を持った会社でも同じです。

そして、会社が窮地に立っている時こそ、弱気を追い出し、目標を確かめて、計画を練り直してほしいのです。

風水の歴史を思い出し、前を向いて進みましょう。その考え方、姿勢こそが、経費を削減する上で大きな効果を発揮します。

さらに開運！経費削減を達成する!!
ワンモアビジネス風水④

自宅の「北方位」に金品を収納すれば自己資産が増える

経理室のレイアウト風水のページで、北は「宿す」「育む」「蓄える」といったパワーを持った方位であると説明しました。逆に、この北方位が凶相だと資金不足などお金に関するトラブルが起こってしまいます。ですから、ムダな出費をなくし、資産を増やすために、北方位に経理室を配置してそのパワーを吸収する風水をアドバイスしました。

そして、経営者の方には、この北方位のパワーを上手に吸収する風水をぜひ自宅でも実行してもらいたいと考えています。なぜなら個人事業などの場合、銀行が「この企業はどのくらいの資本力があるか」について考える際は、経営者の個人資産も含めて計算するからです。つまり、社会的に見れば、経営者の個人資産は会社の資産の一部であり、個人資産を増やすことは会社の資産を増やすことなのです。

自宅の北方位にワインレッドのアイテムを

では、自宅でどのような北方位の風水を行えば良いかを説明していきます。

まず始めは、お金の収納場所です。「お金は暗いところ（北方位）が好きなさびしがりや」であるという風水理論に基づいて会社の北方位に経理室を配置するように、家のお金関係のものは全て家の北方位でしっかりと管理します。宝石などの貴重品も一カ所にまとめて収納しておくと良いでしょう。

また、北と相性の良いワインレッド、ピンク、オレンジなどのカラーのアイテムをそばに置いておくと、ムダな出費を抑える効果がさらにアップします。なかでもおすすめしたいのは、ワインレッドのアイテム。この色は「努力したことが報われ、成功につながっていく」というパワーを持っているからです。苦労しながら会社を経営し、その結果得た大切なお金を守るには最適のカラーと言えます。ワインレッドのパワーを吸収すれば、ムダな出費を防ぎ、さらに大きな財産を築くことが可能です。

第7章

「経費削減を達成する!!ビジネス風水」まとめ

●経理室を置くのに最適な方位を考えたり、レイアウトを工夫してきましたか？

●「西に玄関、東に給湯室」の会社は交際費がかさむ危険があると知っていましたか？

●「東北か南西に欠けや出っ張り」「東に玄関、西に給湯室」も問題と知っていましたか？

●「会社がうまく回るだろうか」と不安を、よく口にしたりしていませんか？

●北方位のパワーを吸収する風水を、自宅でもしっかりと実行してきましたか？

第8章

社員の志気を高める!!
ビジネス風水

社員をやる気にさせ、
成績アップに導くための
風水術

Q. 社員同士の仲が悪く、グループに分かれて陰口を叩き合っています。いったいどうすれば良いでしょうか？

A.

社内のコミュニケーションに影響を与える「給湯室」を一度チェックしてみましょう。

開運！社員の志気を高める!! ビジネスレイアウト風水

社員の志気がダウンしてきたら「給湯室が清潔かどうか」をチェック

仲が良いこととやる気があることは無関係

社員同士の仲が悪く、社員のやる気が上がらないと悩んでいる経営者も多いことと思います。けれども、まず初めに述べておきたいのは「社員同士の仲が悪いことと、社員の志気が上がらないこととはまったく無関係である」ということです。ですから、これからお話ししていく風水術は、社員のやる気を高めるためには効果的ですが、必ずしも社員を仲良くさせる風水ばかりとは限らないことをお断りしておきます。

なぜ、こんなことを初めに述べたのかというと、社員が仲良くなるほど社員のやる気が下がっていく場合が多々あるからです。レストランに入ると、ホール担当の従業員同士がおしゃべりをしている。テーブルにつき、こちらが手を上げて呼んでいるのに気づかず、楽しそうに笑い合っている……誰しもこんな経験があると思いますが、これなどは仲間同士で仲良くなる弊害の典型例です。

給湯室の風水を行わないと陰謀・策謀が悪質に

ビジネスの現場において大切なのは「仲が悪くても業績を上げる会社になればいい」という考え方です。

そもそも風水では「人間が三人集まればそこに必ず派閥が生まれる」というスタンスで人間関係を見ています。むしろ経営者には、仲の悪さを巧みに利用して競争意識をあおり、業績を伸ばす人間操縦術が求められると言っても良いでしょう。これは後述します。

ただし、仲の悪さというのは、ライバル心をむき出しにしてフェアに競争することを指しています。決して陰湿な方法で相手を陥れたりすることはありません。ところが、給湯室の風水がしっかり行われないと、社員の陰謀・策謀がどんどん悪質になっていく危険があるのです。

照明、洗浄用具、食器、通気を要チェック

コーヒーやお茶を入れる給湯室は、休憩スペースとして社員のたまり場になりやすいところです。ここが運気的に悪い空間だと陰口を叩く人間が増えてしまいます。

これを防ぐには、まず給湯室の照明を明るくして陰の気を取り払うことが大切です。さらに、流しなどのステンレス部分はしっかりと掃除をし、ゴミはこまめに捨てることです。悪臭や汚れが厄をもたらすからです。また、食器を洗うスポンジやタオルは暖色系を選ぶこと。私が毎年「ラッキーカラー」を発表していることは前にも述べましたが、ラッキーカラーをもとにこれらのアイテムを選ぶのも効果的な方法です。また、お客様に出すコーヒーカップなどの色は、感謝する心を教えてくれる白や、やさしい気持ちを忘れない力を持つミルク色がおすすめです。そして、常に風通しを良くし、できればドアを閉め切ることができない間取りにしておくと運気ダウンを防げます。

第8章

給湯室の理想的なレイアウト例

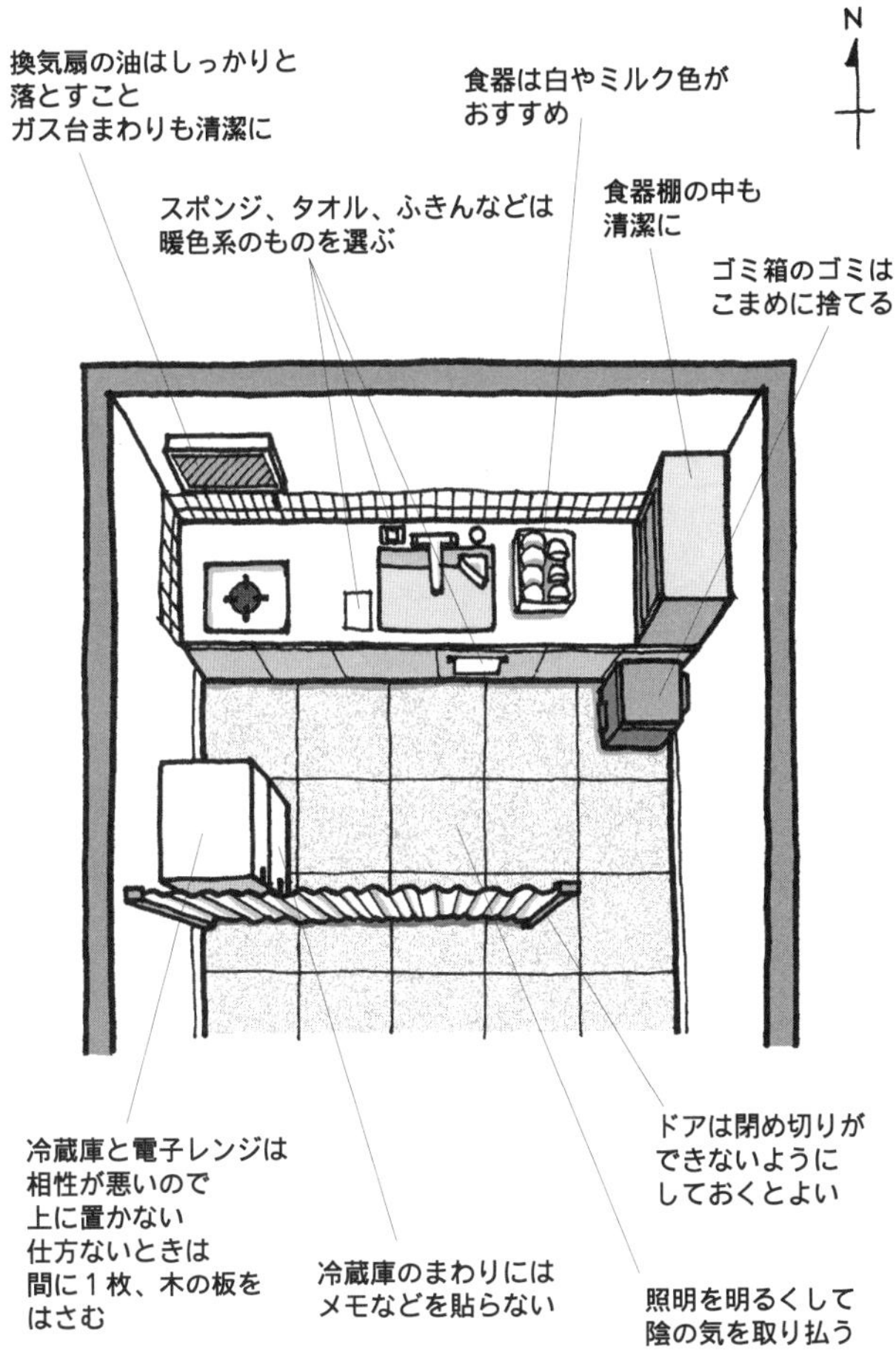
N
換気扇の油はしっかりと
落とすこと
ガス台まわりも清潔に
食器は白やミルク色が
おすすめ
スポンジ、タオル、ふきんなどは
暖色系のものを選ぶ
食器棚の中も
清潔に
ゴミ箱のゴミは
こまめに捨てる
冷蔵庫と電子レンジは
相性が悪いので
上に置かない
仕方ないときは
間に１枚、木の板を
はさむ
冷蔵庫のまわりには
メモなどを貼らない
ドアは閉め切りが
できないように
しておくとよい
照明を明るくして
陰の気を取り払う

さらに開運！社員の志気を高める!!
ワンモアビジネス風水①

風水の達人「徳川家康」から学ぶ人間操縦術とは？

江戸幕府の開祖、徳川家康が風水を非常に重んじていたことはご存じでしたか。

風水では西、北、東の三方を山や丘に囲まれて、南方位に海のある地形を大吉地と考えます。当時未開の地であった江戸に家康が幕府を開いたのは、このような条件にぴったりと当てはまっていたからです。また、日光東照宮は家康のお墓がある場所として知られていますが、これは江戸から見て北にあたる方位に墓所を置くためと言われています。北は風水的に見て「主従関係を守る、永久に平和が続く」というパワーを持つ方位。家康はそこに祀られることで、幕府の隆盛を願ったわけです。

その後の江戸二六〇年間の繁栄、そして現在の東京の活況を見れば、風水に基づいて都造りや政治を行った家康の判断が間違っていなかったことを読者の皆さんにもわかっていただけると思います。

社員をグループ分けし、各々の役割を決めて競わせる

さて、「社員の志気を高める!!ビジネスレイアウト風水」の中で、「経営者には仲の悪さを巧みに利用して競争意識をあおり、業績を伸ばす人間操縦術が求められる」という話をしました。これは、風水の達人である家康が江戸幕府をどのように治めたのかを考えると、その答えが見えてくると思います。例えば、家康は「親藩」「譜代」「外様」というように大名を色分けし、その色分けごとに期待すべき役割を決めました。これを参考にして、新事業にチャレンジするグループ、安定して数字を上げるべきグループなどに明確に分けて、グループを互いに競わせると良いでしょう。

仲良しでサボり合う社員たちよりも、互いに口すら聞かないけれど各々が業績を上げている……そういう集団が会社員としては正しい姿であるし、経営者にとってもうれしい人材であると思います。

さらに開運！社員の志気を高める!!ワンモアビジネス風水②

「東北」と「ゴールド」でプロジェクトを成功に導く

一つの成功が、社員のやる気を引き出すケースはよくあります。社員のスキルとモチベーションの向上をもたらし、グループによるプロジェクトならば、社員同士の結束を良い形で高めてくれるでしょう。それが「何とか成功したいけれど、とてもハードルの高い仕事」であればなおさらです。このような成功へいかに社員を導いていけるかが、経営者の手腕が問われる部分です。

勝負をかけたプロジェクトを成功に導くためには、東北方位のパワー吸収が重要になります。東北は「表鬼門」と呼ばれ、風水的にとても重要な方位とされています。その理由は「東北方位には神様がいるので汚してはいけない」と考えられているからです。それだけに、この方位を味方につければ大きなパワーを得ることができ、逆にこの方位をないがしろにすれば、成功から遠ざかってしまいます。

東北に白、赤、黄色の方位別ラッキーカラーを

東北は、大きなトラブルを一発逆転で解決してくれるパワーを与えてくれます。相続問題、転職、転勤、不動産問題などにも、この方位が影響するのです。ですから「高いレベルを要求されるが、成功すればクライアントからの評価が非常に上がる」というプロジェクトでは、とくに東北のパワーを吸収すると良いでしょう。東北と相性の良いカラーといえば、白、赤、黄色です。会社の東北方位がどこにあたるかを調べ、これらの色のアイテムを飾れば、会社全体に東北のパワーがみなぎります。

また、プロジェクトが山場を迎えたら、「ここいちばんで成功する」パワーがあるゴールドのアクセサリーや小物を社員に身につけさせるのも一案です。

東北とゴールドの相乗効果で成功を勝ち取ってください。その成功が社員の志気を高めてくれることでしょう。

さらに開運！
社員の志気を高める!!
ワンモアビジネス風水③

「社員旅行」を上手に活用して運気アップをはかる

風水では、旅は新しい運気を吸収する行為だと考えます。慰安旅行に出かける会社も多いと思いますが、旅先の選び方や旅先での行動で社員のやる気アップが可能です。

まず、国内の旅先としておすすめしたいのは温泉です。旅先のパワーは主に大地から吸収できるわけですが、地熱によって温められた地下水が噴出する温泉地はとりわけそのパワーが強い土地なのです。温泉地で開運する行為といえば、朝の露天風呂への入浴。日の出を楽しみながらお湯につかれば、その土地のパワーを体全体で取り込むことができるでしょう。土地のものをいただくのも開運につながります。山の温泉宿でお刺身を出すところがありますが、これは風水的に見ると開運効果がありませんので、料理のメニューは事前にチェックしましょう。また、その土地の天然水を飲める場所を見つけて立ち寄るのも◎です。慰安旅行を考える際の参考にしてみてください。

運気が下がる二〇〇四〜二〇〇五年の凶方位とは?

なお、「慰安旅行先がどの方位にあるか」については、社員の志気を上げるどころか運気を下げる凶方位というものが存在するので慎重になるべきです。

二〇〇四〜二〇〇五年にかけて、海外旅行先、ビジネス主張先として良くない方面があります。その一つはハワイ、南太平洋、アメリカといった、日本から見て東にあたる方面です。カナダなどの東北、そしてドイツや北欧など日本から見て北西にあたる方面も良くありません。風水的にはこれらの行き先を避けるのが正解ですが、どうしても行かなければいけない場合が当然出てきます。そこで私はテレビ番組のロケでカナダに行く際、日本から直接向かわず、一度アメリカに降りてからカナダに入ることにしました。つまり、「方違え」を行い、南方位からカナダに入るようにしたわけです。もしそれも無理なら、盛り塩をバッグの中に持ち歩いて厄を遠ざけると良いでしょう。

さらに開運！
社員の志気を高める!!
ワンモアビジネス風水④

「自分の夢に仕える」という気概を社員に持たせる

「事に仕える」と書いて「仕事」と読みます。つまり、社員としてお金をもらうためには、何かに仕えなければならないわけです。

では「事」とはいったい何なのか、と問われれば、「上から指示された内容」と答える人が多いのではないでしょうか。たしかに、上司から指示されたことをしっかりとこなせば、給料をもらうのに値すると考えてもおかしくない気がします。けれども、風水的な視点でビジネスマンの姿を考えてみると、この答えでは不正解です。

「事」の正解、それは「自分の夢」です。自分の夢に仕えることが仕事であると風水では考えるのです。自分の夢を無視して「わりと知られている企業だから」「給料がそこそこいいから」といった理由で安易に仕事を選んだ社員は、少しハードになると、たちまち踏ん張りが効かなくなります。何のために働くかわからなくなるからです。

経営者自身の志気の低下が原因であることも

このように、風水では夢を持つこと、そして夢を実現するための目標をしっかりと立てることを大切に考えます。自分の夢を持つかどうかで風水術の効果は変わってきます。けれども、具体的な夢を持たないまま、すでに会社に入ってしまった社員がたくさんいるはずです。そんな彼らのやる気を引き出すにはどうすれば良いのでしょうか。経営者自身の仕事ぶりで、夢に仕えるとはどういうことか身を持って伝えていくしかありません。社員の志気の低下、実はそれは自分の志気の低下が原因であることも多いのです。「やりたくなかったが経営上仕方なく請け負っている」という思いがある経営者は、自分で水をやり、小さな植物を育てることをおすすめします。植物のグリーンは、本来の自分の夢を再確認させてくれる力を持っています。植物を育てながら、日々の仕事の中に自分の夢とつながる部分をもう一度見つけ直してみましょう。

第8章
「社員の志気を高める!!ビジネス風水」まとめ

●給湯室が社内のコミュニケーションに関わると理解し、風水を行っていましたか?
●徳川家康が風水を取り入れて江戸幕府の歴史を築いたことを知っていましたか?
●プロジェクトの成功が社員の志気を高めることを認識していましたか?
●運気を上げる社員旅行と運気を下げる社員旅行があることを知っていましたか?
●社員の志気よりも前に、経営者自身の志気が下がってはいませんか?

経営者ならば常に心に留めておきたい

風水格言1month

Part 2

【16～30日目】

16日目

金運が下がるとお腹に肉がつく

風水では、ぜい肉は厄であり、太るのは運気が落ちている証拠と考えます。お腹や腰回りのぜい肉は「金運ダウン」、太ももやふくらはぎのぜい肉は「愛情運ダウン」、二の腕、肩、胸回りの肉は「人間関係運ダウン」、顔がむくんだら「才能がうまく発揮できない」時です。

17日目

運の良い買い物は運の悪い貯金に勝る

買いたい物を我慢して古い物を使い続け、節約したお金をためる……これは風水的におすすめできません。人はお金を使わないと厄がたまっていき、将来大きな支出になって帰ってくるからです。それよりもむしろ、自分の運を上げてくれる物をしっかりチョイスして買うべきです。

18日目

運は伝染する

不運な人といっしょにいれば、自分の運までくもってしまいます。逆に幸せな人といっしょにいると、自分の運が輝き出します。今よりももっとお金を得たいならお金持ちと行動を共にし、今よりも仕事のできる人物になりたいならビジネスの成功者と行動を共にすべきです。

19日目

雨の日はトラブルに注意

雨の日は大気中に水のパワーが満ちていて、バランスをとろうとして体内に火のパワーが生じます。そのため、風水では「雨の日は晴れの日よりケンカしやすい」と考えるのです。ブルー系の服や小物を身につけておくと気持ちをクールダウンさせることができます。

20日目

幸運はきれいなものに宿る

風水では汚れや湿気をとても嫌います。幸運が寄ってこなくなるからです。空間は常に掃除し、換気をしっかりと行うべきです。また、身につける物も洗濯や汚れ落としをして、清潔感のある印象を心がけたいものです。また、臭いもNG。脱臭したり、香りの良いものを置きましょう。

21日目

人の縁は四年、七年

人間関係というものは、自身の成長とともに変わっていくものです。ですから、たとえ以前あんなに懇意にしていたのに付き合いがなくなってしまったという関係の人がいても、そこまでの縁だったのです。一方で、続く縁もあります。誰のせいでもないのですから、悔やむ必要はありません。

22日目

東西南北の運気をうまく使え

これは臨済宗の名僧である沢庵和尚が、剣聖・宮本武蔵に対してまず初めに言ったとされる言葉。背にした西日を利用して武蔵の視界から突然消えた和尚は、「言葉の意味はわかったな」と言ったそうです。方位の持つ力を知った武蔵は、後に巌流島へ夕刻出かけ、小次郎との対戦に勝利しました。

23日目

気まずい話は水辺で切り出せ

水は人の心をおだやかにしてくれるものと風水では考えます。経営上のトラブルで気まずい話をしなければならない時は、水辺で話を切り出すと良いでしょう。心が落ち着き、素直に言いたいことを言い合えます。ただし、汚れた水では効果がないので注意してください。

24日目

仲間外れは幸運のサイン

風水では、独りぼっちになった時こそが成長のチャンスと考えます。寂しく辛い時にがんばることで大きな運気をつかむことができるのです。また、一人なら、責任の所在がはっきりしますし、周囲の思惑を気にせず自分のやりたいようにできるというメリットもあります。

25日目

人間関係も大切な「環境」の一つ

風水では環境を整えることが大事です。環境と聞くと、自然環境、住環境など空間的なものをイメージします。もちろんこれらは非常に大切ですが、風水では人間関係も環境の一つと考えます。ですから、人間関係のストレスを抱えながら毎日を過ごすと運気がどんどん下がってしまうのです。

26日目

頭が良くて運の悪い人より、運の良い「バカ」な人が成功する

頭の良い人は、根拠を求めようとし、世間の目や常識にとらわれてしまい、実行力が伴わない人が多いようです。成功への第一歩すら踏み出せないのです。実力のわりに伸びないと感じている人は「運の良いバカな人」を目指しましょう。そうすれば開運のレールに乗れます。

27日目

頭に浮かんだことは全て実現できる

「見たことも聞いたこともないようなことは、絶対に頭の中に浮かばない」。風水ではそのように考えます。過去の見聞からヒントを得ているのですから、いろんな伝手をたどっていけば実現できる可能性が必ず見えてくるのです。思い立ったら即行動、を実践できればの話ですが。

28日目

人生は自分持ち、運も自分持ち

終身雇用制度が崩れ、パターン化された生活を送る人が年々減っていきます。これからの人生は、自分の興味や能力に応じて作られていきます。つまり、努力をした人が勝つ社会になっていくわけです。運もまったく同様です。風水的努力を怠らなかった人に開運は訪れるのです。

29日目

「出た答えがいちばん」と思えば運はどんどん上がる

風水に「偶然」という言葉はありません。目の前の結果はすべて、自分で選び取った「必然」です。出した決断を悔やむと、過去の自分を否定し、現状にグチを言うことになります。その結果、運気はどんどんダウンしてしまうのです。割り切って前に進む人間に幸運はやってきます。

30日目

どんな美しいものでも暗いところでは目立たない

暗いところでじっと夢ばかり見ているだけでは幸運はやってこない、ということの例えです。自分から進んで明るいところ、つまり人のいるところに出ていかなければ開運はできません。また、もしも運に恵まれないと思ったら、今までと同じ仲間とではなく、一人で行動すべきです。

第9章

社長の威厳を高める!!
ビジネス風水

従業員を統率し、
対外的な人脈を広げるための
風水術

Q. 社長としての風格を身につけたいと思っているのですが、うまくいきません。いったいどうすれば良いでしょうか？

A.

それでは風格形成のカギを握る「社長室」をチェックしてみましょう。

開運！社長の威厳を高める!! ビジネスレイアウト風水

「社長室のレイアウト」が戦略の精度を劇的に変える

まず自分を表す空間になっているかどうかが重要

同じ言葉を発しても、相手の心に響かせることのできる人と、できない人がいます。この差は「器」の違い、その人の持つ威厳や品格の違いによって生まれていると言えます。内にあっては従業員を統率し、外にあってはさまざまな実力者と関係を開拓すべき経営者にとって、「器」はとても必要なものです。

そして、風水的に考えると、経営者としての「器」を育てるのが社長室です。では、いったいどのようなレイアウトを心がけるべきでしょうか。

まず、最初にチェックすべきは、社長室が「今の自分、これからの自分を表現できているか」という点です。例えば、家具を扱うメーカーの社長室なら「これが自分の理想とする家具だ」というものを集めて空間を完成させるべきです。「器を広げる」と聞くと、社長室は広い方が良いのではと考えがちですが、それよりもそこで過ごす人物の考え方やイメージがすぐに伝わることが、開運する上では大事なのです。

大きなデスク、ゴールドのアイテム、北西の植物

社長室のデスクはどっしりとして大きなものを使うと良いでしょう。風水的に見ると大きなデスクは「度量が大きい」ことを表すからです。顔が南を向くようにデスクを配置できればさらに良し。南は、素晴らしいアイデアが浮かんだり、才能を発揮するためのパワーを与えてくれる方位です。

また、デスクの上にはゴールド系のアイテムを必ず置くようにしましょう。ペン立て、

万年筆など何でもＯＫです。ゴールドは決断力を高め、チャンスを広げる役割を持っています。それから、部屋の北西に観葉植物を置いておくと良いでしょう。風水では北西は「主人の方位」と言われていて、事業運や出世運に深い関わりを持っています。ここに観葉植物を置くことで、経営者としての品格がアップします。

部下に裏切られず、側近に寝首をかかれないためには

また、社長室にはさまざまな風水ＮＧが存在しますので、挙げておきます。

まず、一つめは「窓に背中を向けて座ってはいけない」。なぜなら風水的に見ると「部下に裏切られる」という負のパワーを生むからです。窓には背を向けず、できれば南の窓に顔を向けるレイアウトを考えましょう。と同時に、窓に何も付いていない場合は、カーテンをつける、観葉植物を置くなどの処置をして危険を完全に予防してください。

「チェアはヘッドレストが大きいものを選ぶ」のも重要です。偉そうにふんぞり返るためではなく、風水的に「側近に寝首をかかれない」という意味があるのです。

また、「天井の梁の下に座ってはいけない」ということも覚えておいてください。「成長を止められ、成功を叩かれる」ことになってしまいます。

第9章

社長室の理想的なレイアウト例

北西に
観葉植物を置く
チェアは
ヘッドレストが
大きなものを選ぶ
真上から見て
馬蹄形のものが良い
N
ゴールド系の
小物を置く
南窓のある部屋がベスト
例えば棚に個性が
出るものを飾るなど
自分の考え方や
イメージが伝わる
空間作りを
デスクの位置は窓を
背にしないようにする
南向きがベスト
また、天井の梁の下に
座らないように注意
なるべく大きな
デスクを選ぶ
ただし部屋の広さ
とのバランスを考えて

さらに開運！社長の威厳を高める!!ワンモアビジネス風水①

品格を上げる色「黒」の上手な使い方が社長の風格を演出

ファッションに風水を効果的に取り入れると、経営者としての威厳がアップします。ここでは開運を呼び込むアイテムの選び方について説明していきましょう。

効果的に取り入れたいカラーは黒です。黒には「品格を上げる」という風水パワーが備わっています。パーティーで男性がタキシードを着ることからもわかるとおり、オフィシャルな場で格調高い装いをする際には黒がパワーを発揮するのです。ですから、目上の人に会うなど大事な場面では、黒を基調にしたファッションを選ぶと良いでしょう。

ただし、黒には「自分の正体を隠す」というパワーもあります。ここぞという場面では良いのですが、いつも黒いファッションに身を包んでいると、変な勘ぐりを入れられる原因になったり、相手に心を開いてないという不快感を抱かせる可能性があります。気をつけてください。

腕時計の文字盤は欲しい運気に合わせて選ぶ

経営者の品格を左右する開運アイテムとして注目したいのが腕時計です。手元を飾るアイテムは、その人がどういう人物かを端的に物語るからです。

まず、腕時計は文字盤の形によって吸収できる運気が変わってくることを覚えておいてください。丸い文字盤のタイプは人間関係運を上げてくれるので、さらに良好なお付き合いをしたい相手と会う時に有効です。また、四角い文字盤のタイプは、チャレンジするためのパワーを与えてくれます。相手に自分の個性をしっかり伝え、仕事運を得たい時に、はめて出かけると良いでしょう。

さらにベルト部分も重要です。おすすめは黒い革ベルトタイプのもの。ファッションについて述べたとおり、黒は品格を上げるパワーを持つからです。茶系のベルトは安心感、ステンレスタイプのベルトはスポーティーな感じを演出する力を持っています。

さらに開運！
社長の威厳を高める!!
ワンモアビジネス風水②

「一人静かに過ごす」空間を社長は家の内外に持つべき

よく「男は外に出ると七人の敵がいる」と言葉を聞きます。これは、性別に限らず社会で仕事をする人は、誰でもそのぐらい自分を嫌っている人間がいるものだという例えです。経営者ともなれば、「敵」の数はずっと多いはずです。優秀で仕事をたくさん手がけている存在であればあるほど、嫉妬する人間は増えていきます。恨む人間が多いのは、ある意味勲章とも言えるでしょう。

経営者として「敵」と対峙し、業績を上げていくことはとても大切です。けれども、風水的に見ると、ハードに仕事をこなすその過程でさまざまな厄が体にたまってしまいます。そのため、たまった厄をきれいに落としてくれる空間が必要になってきます。会社を一歩出てから、自宅に帰ってからの両方にそんな空間があるのがベストです。

クリスタルで厄を払い、ウィスキーやブランデーで格を上げる

まず、会社を一歩出て家に帰るまでに持っておきたいのは、会社の目を気にせずに一人でゆっくりとお酒の飲める場所です。できればお店の人間とにぎやかに話すようなお店ではなく、氷を浮かべたグラスを片手にじっくりと考えごとができる場所が良いでしょう。クリスタルには体についた厄を払い落としてくれるパワーがあります。品格を上げる風水パワーを持つウィスキーやブランデーを選べばさらに良いでしょう。

また、自宅には自分専用の書斎を持っておくことが大切。とくに男性経営者の場合は、このことが言えます。自分一人で過ごす書斎は、厄を落とす風水パワーを持っています。また、自分一人で過ごす空間が家の中にない経営者は家に帰りづらくなり、結局は外で遊んで家庭を壊してしまう……という実際的な危険も秘めています。

経営者としての威厳は、身も心も一人になれる空間で悪い運気を払い、心に余裕のある状態で初めて醸し出せるのです。そんな空間は持っていますか?

さらに開運！社長の威厳を高める!!
ワンモアビジネス風水③

社長宅のパソコンは「部屋の北西」が正解

運が良いこと。これは経営者として成功するための資質と言っても過言ではありません。実際に成功した人たちの話を聞いても、あるいはさまざまな自伝を読んでも、必ずどこかで「自分は運に恵まれた」というコメントが出てきます。

事業を拡大し、成功をしていくために必要なのは、目上の人たちからの引き立てです。どんな業種であっても、良い先輩の教えで仕事を覚え、良いクライアントに出会って鍛えられ、良いスポンサーによって仕事の幅を広げられるのです。そして、これらの出会いのパワーを与えてくれるのが北西方位です。北西は風水では「主人の方位」と呼ばれ、

「北西の『気』なくしては大きな事業を興すことはできない」と言われるほど、その空間の主に対して強い影響力を持っています。

目上の人から貴重で有益な情報をもらえるパワー

前のページで、社長室の北西には観葉植物を置くべきという話をしましたが、経営者に大きな影響を与える北西ですから、会社だけでなく自宅でも北西からのパワーを呼び込む風水をぜひ実行してください。

そこでおすすめしたいのが、自宅のパソコンを家の北西方位に置く風水です。

パソコンは情報の運気を運んでくる開運アイテムであると風水では考えます。そして、パソコンを北西に置くことで「経営者にとって非常に貴重かつ有益な情報が目上の人からもらえる」というパワーを吸収できるようになるのです。この方位と相性の良い白、ベージュ、グリーン、オレンジなどを上手に活用してパソコン回りのインテリアを整えれば、さらにパワーが上がります。

ちなみにこの方位は、老後の生活を安定させる力も持っています。人生に対して、強く長い効力を持つ方位なのです。

さらに開運！

社長の威厳を高める!!

ワンモアビジネス風水④

「強運こそが威厳」という認識を持って風水を実行

運の良さが経営者の威厳をアップする、という話をこれまでしてきました。しかし、少し考えてみればそれも当然です。明晰な頭脳を持っているけれど運が悪い指揮官と、言ってることは納得しがたい面もあるけれど強運の持ち主の指揮官。これは非常に極端な例ですが、戦地でもしもその二人のどちらかにつかなければいけないとしたら、部下は全員「強運の指揮官」を選ぶはずです。どちらに威厳があるのかと言えば、おわかりでしょう。ハードに仕事をしている経営者にとっては「強運こそが威厳」なのです。

ですから、経営者として成功するためには「運気を呼び込むためならどんな手段も厭わない」という意志を一貫して持ち続けることが大切になります。では、今まで何気なくつけていたと思われる指輪について、風水的な意味と効果を説明していきます。

指輪の素材やつける位置で手に入る運気が変わる

風水では「指先のきれいな人に幸せが宿る」と考えます。なぜなら、「人は指先から幸せの素を取り入れて体の中に吸収する」と考えるからです。指先にいちばん近い装飾品である指輪は、大きな幸運を呼び込むための案内役を果たします。サービス業など人を応対する仕事に携わる経営者には、指輪がとくに大きな風水効果を発揮します。

選ぶ指輪の素材で手に入る運気は変わってきます。例えば、イエローゴールドは太陽を象徴する金属。自分の才能に磨きをかけてランクアップをはかりたい時におすすめです。一方、ホワイトゴールドは夜空に浮かぶ月光の象徴。「損して得取れ」の言葉どおり、自分が黒子に回ることで成功できそうな場合におすすめの素材です。

つける位置も重要です。右手の人さし指は、もっと積極的に前に出ていきたい時に。左手の小指は大きな財力を願う時に効果があります。

このように、指輪一つで経営者の強運・威厳は大きく左右されるのです。

第9章
「社長の威厳を高める!!ビジネス風水」まとめ

●経営者の「器」を大きくする社長室の風水をしっかり実行していましたか？

●品格を上げる黒のパワーを理解し、ファッションに取り入れていましたか？

●会社の外、そして自宅の中に一人になれる空間を持っていましたか？

●目上の人から引き立てられる北西方位の風水を自宅で行っていましたか？

●強運が威厳であることを知り、一つ一つの風水を大事に実行していましたか？

第10章

後継者を育てる!! ビジネス風水

せっかく築いた会社を次世代で終わらせないための風水術

Q.

そろそろ自分も引退の時期です。しかるべき後継者を育てるにはどうしたらいいのでしょう？

A.

それではオフィスの「ラッキーゾーン」を有効活用しているか診断しましょう。

開運！後継者を育てる!! ビジネスレイアウト風水

会社の未来を託す後継者は「ラッキーゾーン」上で育てよ

後継者育成で忘れがちな重要項目とは？

後継者をどう育てるか。これは、経営者に与えられる最大の課題と言っても過言ではないでしょう。時代の流れの読み方を教え、戦略の立て方を諭し、部下の操縦術を見せ……と、その項目を挙げればきりがありません。けれども、その中で多くの経営者は手が回っていないように思う項目があります。それは「後継者の運を伸ばしてやること」そして「後継者に運の開き方を教えること」です。

では、後継者の運を伸ばし、さらに運の開き方を学ばせるために、まず何から始めれば良いのでしょうか。それは「運の良い場所にその人物を座らせること」です。

「龍脈」とは幸運が流れている道筋のこと

風水では、大地の中で幸運が流れている道筋を「龍脈」と呼びます。風水家相術では、建物の中にもこの龍脈が流れていると考えます。幸運がどのように建物の中を流れていくのかと言うと、まず建物の玄関から入ってきます。そして、建物の中心点を通り、玄関の対角線の方向に向かいます。そして、玄関の対角線の壁にぶつかると建物の中心まで帰ってきて、中心から建物全体に広がっていきます。風水ではこの幸運の通り道を「ラッキーゾーン」と呼びます（ラッキーゾーンの出し方は次ページの図で説明します）。このラッキーゾーンは、建物だけでなく、それぞれの部屋にも存在します。建物のラッキーゾーンと部屋のラッキーゾーンが重なるスペースが「スーパーラッキーゾーン」と呼ばれる場所です。互いの幸運が相乗効果を及ぼす、最高のゾーンです。

後継者はラッキーゾーン、できればスーパーラッキーゾーンに座らせるべきです。そして、後継者が幸運に出会ったと感じた時には、しっかりとその理由を教えてあげてください。そうすればやがて後継者は運を開く風水を実践できるようになるでしょう。

一流のものを見せておくことが開運の糧に

ラッキーゾーン上に配置したいけれども、そのようにレイアウトできないという場合もあります。その際は、後継者の座る位置のそばにラベンダー色の龍の置物を飾ると、運気を補填できます。龍の置物の他に、絵を飾ったり、照明を明るくすることも風水的に効果があります。

また、どの世界にも通じる考え方だと思いますが、風水でも「後継者には一流のものを見せておく」という考え方をします。接客用の灰皿にしても、身につけさせるネクタイにしても、会わせる人物にしても、できる限りで最高のものを見せてやるべきです。上から下に向かって広く物事を見ることは楽ですが、上を見上げながら広い視野を持つのは難しいものです。

たゆまざる後継者への投資が会社の次の開運を呼びます。ぜひ実行してみてください。

第１０章
ラッキーゾーンとは？

【ラッキーゾーンの出し方】

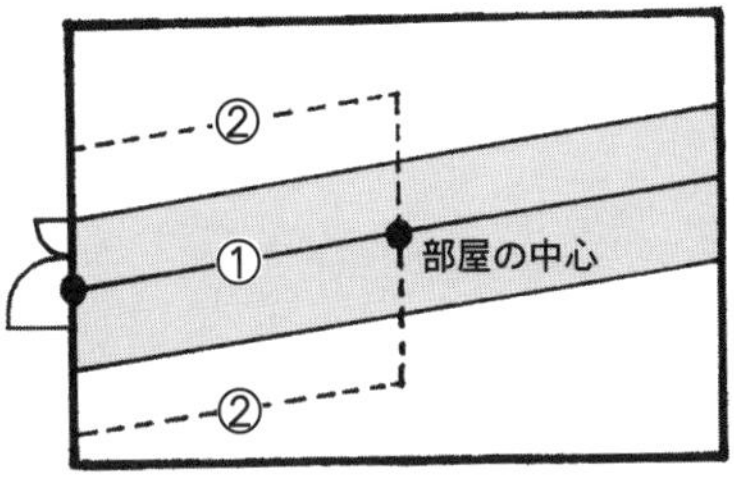

まず、玄関の中心から建物の中心を通った対角線を引きます（上の図①）。
次に、その線と平行に、玄関がある辺の３分の１の幅になるように２本の線を引きましょう（図②）。この間がラッキーゾーン。
玄関が北側にある場合だけ、ラッキーゾーンは建物の中心までとなり、その分幅が倍になります（図…部分）。ドアの位置とラッキーゾーンの関係は下の表を参考にしてください。

【ドアの位置とラッキーゾーンの関係】

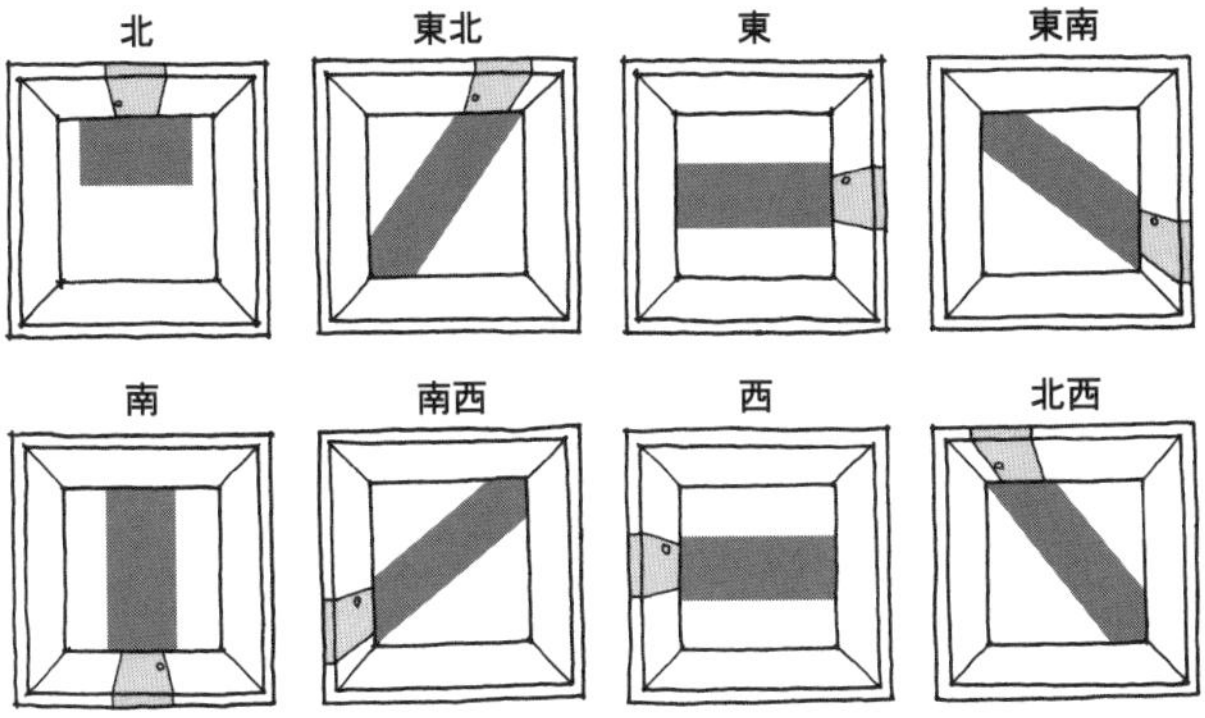

※北のドアだけは上図のようになる

さらに開運！
後継者を育てる!!
ワンモアビジネス風水①

「批判上手」な人間を後継者にしてはいけない

後継者を育てる前に、まず後継者の人選を慎重に行わなければなりません。では、どのような基準で人探しをすべきなのでしょうか。

風水では、頭の良い人物は大成できないと考えます。この場合の「頭の良い人」は、決して褒め言葉ではありません。例えば、あるプロジェクトを与えられた時に、自分の頭の中だけで考えて「そんなことを実現するなんてとても無理」と勝手にあきらめたり、他のグループが試行錯誤しながら取り組んでいる姿を見て「自分ならこうやって簡単に成功するのに」とせせら笑ってしまうようなタイプを指しています。

このような人物は「まずやってみよう」という熱意にかけ、敢えて泥水をかぶるような仕事は絶対に避けるはずです。その結果、仲間からの信頼や尊敬を集めることができず、リーダーとなることはできないでしょう。

グチや文句の多い人物は開運どころか悪い運気を呼ぶ

「いや、今は部下として経営者である自分を敢えて諫めようとして批判的なことを言ってくれているのではないか」。周囲の人間の批判ばかりをしている部下を好意的に見ようとする経営者の方がいるかもしれません。けれども、人間の本質は、会社内での立場が少し上がった程度で、大きく変えられるわけはありません。そして、そのような人物はおそらく各所で経営者批判、つまりあなたの批判を展開していることでしょう。

ですから、後継者を選ぶ際に大事なのは「素直な心を持ち、すぐに行動できる人物」であるかどうかです。ときに批判するのはもちろん構いません。けれども、言うだけのことをやることが大事です。実行が伴わない口だけの人物は最悪です。

風水では「グチや文句は開運どころかむしろ悪い運気を呼ぶ」と考えます。批判上手な人物に会社の命運を託すべきかどうか……風水の視点から一度考えてみてください。

さらに開運！後継者を育てる!!
ワンモアビジネス風水②

後継者をまっすぐのばす「三角形の法則」

会社における後継者は、家庭における跡継ぎの息子にあたります。ですから、かわいがられ、期待され、甘やかされて育ってしまう可能性があるわけです。チヤホヤされれば、羽をのばしたくなるもの。けれども、その結果、遊び過ぎが原因で足下をすくわれてしまったり、修練を積むべき時期にハードに仕事をせず、使い物にならなくなってしまう人物もいます。とくに、同族経営の場合にはこれが言えます。

では、後継者を「非行」に走らせず、正しい方向へ導いていくにはどのような風水を行えば良いのでしょうか。おすすめしたいのが北、東南、南西の「三角形の法則」です。

北は父親の威厳、東南は異性との出会い、南西は家庭

まず北ですが、ここは「父親の威厳」を持つ方位です。会社においての「父親」は現経営者を指します。後継者が誤った道へ進まないようじっくり教え諭す機会を持ちたい時は、吉方位時に北方位の旅先へ出かけると効果があります。

次は東南です。ここは「異性との出会い」の運気がやってくる方位です。会社の東南をきれいにしておかないと、付き合う相手によって後継者が悪い遊びの世界へ誘われ、仕事への熱意を失う可能性があります。オフィスの東南はしっかり掃除をし、付き合う相手はきちんと紹介させるようにしましょう。

最後は南西です。ここは「家庭」を表す方位です。この方位のパワーが落ちると、子供は家庭環境すなわち会社環境に対する不満を持ち始めます。会社の南西の窓からの日射しをしっかり遮光するとともに、後継者には栄養バランスの取れた食事を心がけるようにアドバイスしてください。

北、東南、南西の「三角形の法則」を用いて、後継者をまっすぐと伸ばしてください。その先に会社のさらなる繁栄が待っています。

さらに開運！
後継者を育てる!!
ワンモアビジネス風水③

相続のトラブルを避ける「東北方位の風水」を実行

自らの身を引き際を決めること。これは、経営者にとって最後の大きな仕事であり、そして非常に難しい仕事でもあると言われています。「自分はまだできるのではないか」という思い、「周囲の人間に引き止められて」という声……など、決断を鈍らせるさまざまな理由があるようです。けれども、この引退のタイミングと段取りを誤ってしまうと、後継者育成において大きな障害が生じます。その混乱につけこんで、さまざまな入れ知恵や謀略が行われるからです。「自分の見込んだ人物にスムーズなバトンタッチを」という青写真など一気に吹き飛び、会社の繁栄など望むべくもありません。

では、このような混乱を招かずに、引き継ぎを行うにはどうすれば良いのでしょうか。まず、注目すべきは東北です。なぜなら東北は相続問題をつかさどる方位だからです。

会社を引退することイコールこの世を去ること

会社を引退するという現象を風水家相学に当てはめて考えると「この世を去る」ということに等しいのです。「死」に関連する言葉を使うなんて、と驚く方もいらっしゃるでしょう。けれども、この世を去る場合と同様の厳粛な気持ちを抱き、謙虚に風水を行うことが経営者の引退においても必要なのです。そこで、人が亡くなる場合に相続問題で揉めないための東北方位の風水が引退の場面でも大きな効果を発揮します。

まず、引退を決めたら、社長室の東北と家の自室の東北に白い花を飾りましょう。相続問題を浄化するパワーを与えてくれるからです。さらに、東には情報機器や時計を置き、誤った情報に惑わされないようにします。南に窓があれば、昼は光を十分に入れ、夜は雨戸を閉めるなどして暗くします。南は裁判の方位なので、白黒はっきりつけるパワーをもらうためです。先祖の方位である西には黄色い絵を飾ります。自室が寝室なら枕も西向きが良いでしょう。これらの風水でトラブルを未然に防いでください。

さらに開運！後継者を育てる!!ワンモアビジネス風水④

期待する人物には「西から駆け上がれ」の試練を

「獅子の子落とし」という言葉があります。これは「ライオンは子を産んで三日たつと、その子を千仞（せんじん）の谷に蹴落とし、生き残った子だけを育てる」という言い伝えからできた言葉です。我が子に試練を与え、その才能を試すこと、また厳しく育てることの例えでよく使われています。

風水にもこの言葉と同じような厳しい考え方に基づき、さらにそこに運を開くための視点も加えて考えられた言葉が存在します。それが「西から駆け上がれ」です。

風水的な視点で見ると、会社の後継者は家庭における世継ぎといっしょである、ということは前に述べました。世継ぎが周囲が甘かされて育つように、後継者も社内では可愛がられがちです。もちろん、後継者ほどさまざまな試練が設けられている会社も中にはあるでしょう。けれども、経営者というものは情の深い方が多いからなのでしょうか、同族経営の会社などでは後継者にどうしても甘くなってしまうようです。

実力だけでなく西方位の運気も手に入るのが魅力

経営者は、「西から駆け上がれ」の風水でぜひ後継者に試練を与えてみてください。例えば、本店よりも西に支店を出す、あるいは西のエリアに販路を拡大するなどの場合に、後継者を指名するのです。クリアすべきノルマはできるだけ高く設定します。そして、そのノルマを達成して、晴れて東へ戻ってきなさいと言って送り出すのです。西で成果を上げた時、後継者はいちだんと大きくなって帰ってくることでしょう。

「獅子の子落とし」よりも「西から駆け上がれ」をおすすめしたいのは、後継者が西方位の運気を吸収できるからです。西は、黄金色に染まった稲穂がやわらかな風に揺れる、豊かな実りの方位です。土を耕し、水を引き込み、苗を植え……といったさまざまな作業を通じて、初めて「収穫」という真の喜びが手に入ることを教えてくれるのです。

第10章
「後継者を育てる!!ビジネス風水」まとめ

●ラッキーゾーンを有効活用し、後継者にツキを与える工夫をしていましたか?
●批判上手な「頭の良い」人物を後継者候補にしようとはしていませんか?
●後継者をまっすぐ伸ばす「三角形の法則」を理解し、実践していましたか?
●会社からの引退を、この世を去ることと同様の重大事と受け止めていましたか?
●「西から駆け上がれ」の風水を実行して、後継者に試練を与えていましたか?

第11章

オフィス移転!!のビジネス風水

より大きな幸運を呼び込む
環境へ移動するために
知っておきたい風水ポイント

Q.

会社が大きくなり、そろそろ新しいオフィスに移ろうと思います。注意すべきポイントは何ですか?

A.

風水的に見て良い場所、悪い場所をしっかりチェックして、移転することが大切です。

開運！オフィス移転!!のビジネス風水

「家相の吉相」と「土地の吉相」を手に入れてより大きな幸運を

オフィスの移転も運を開く一つの方法

別名「環境整理学」と呼ばれている風水ですが、これまでの章を通じて、どうすればオフィス内の各部屋を運気の上がる空間にできるかを説明してきました。これらの風水は非常に重要で、しっかり実行すれば大きな効果を上げられます。

さらに、「社員が増えてオフィスが手狭になった」「物件の更新がある」「狙っていた物件が空いた」あるいは「いよいよ自社ビルを手に入れたい！」などの話がある場合、思い切ってオフィスを移転してしまうのも運を開く方法の一つです。ただし、風水的に良い場所を選ぶことが大切です。

「家相の吉相」と「土地の吉相」で開運

オフィスの移転を考えるなら、まず最初に「移転先のビルがどのような場所に建っているか」をチェックしなければなりません。道路との関係、隣の建物との関係、駅などの交通手段との関係などにおいて、これから説明するいくつかのポイントを参考に立地条件を調べてみてください。次にチェックすべきは「建物の構造がどうなっているか」です。ビルの形はどのようになっているか、屋根の形はどうか、エレベーターがどこに付いているか、ビルのフロアは何階が良いか、といった点についてこれから挙げていきます。物件を決める際のポイントにしてください。

オフィスの移転は、開運の絶好の機会です。「家相の吉相」と「土地の吉相」を手に入れて、大きな幸運をつかんでください。

オフィス移転!!の開運チェックポイント①

風水的に見て吉相と呼ばれる土地や建物とは?

風水には「吉相」があるというお話をしました。「吉相」の反対は「凶相」。これは悪い運気をもたらす土地や建物のようすを指しています。そこでまず、吉相とはどのようなものを指すのか説明しておきます。

風水では東西南北の四方位からのパワーを等しくもらえる土地や建物を吉と考えます。ですから、正方形に近い土地、正方形に近い建物が吉相と考えられます。また、風水的に見て、バランスが取れていたり、安定している空間が開運につながるとも考えます。

そして、今度の移転先が、自分の描いた経営の未来予想図の中で、どんな役割を果たすべき空間かを考えておくことも重要です。いくら左記の条件を満たしていても、自分が求めるものと違う空間なら、吉相とは言えません。

オフィス移転!!の開運チェックポイント②

ここはずっといる場所なのか一時的な場所なのかを考える

具体的な移転先を探し始める前に、経営者にとって考えておかなければならないことが一つあります。それは、会社運営の予想図の中で、次の移転先はどのような位置づけを果たすのかということです。

例えば、「ブランド力があり、交通の便も良い場所に、快適で広いオフィスをいつかは構えたい」と考えているとします。今回の移転は、そこに至るためのどの段階でしょうか。もしも途中のステップなのに、閑静で落ちついた雰囲気の場所に移転すると「ここでずっと過ごしたい」という思いが働き、これから事業を拡大しようという意欲を吸い取られてしまいます。

オフィスの移転先は、経営目標と合わせてしぼること。これが開運のコツです。

凸凹、台形、三角形など変形した土地はやめておく

正方形、長方形などではなく、変形している敷地があります。ここはおすすめできません。風水的には「その土地から受けるパワーも変形している」と考えるからです。

例えば、三角形の土地にオフィスを構えると、心が尖り、人間関係に悪影響を及ぼすことが考えられます。同様に、凸凹になっている土地、台形の土地なども凶相と見なします。前のページでも述べたとおり、風水的には敷地は四角形がベストです。

ただし、たとえ変形した土地でも、建物を建てる部分が四角く取られ、余った土地に駐車場や物置、花壇などが配置されていれば、悪いパワーは軽減されます。建物部分とそれ以外の部分に段差があったり、植栽で区切られていればなお良いでしょう。また、建物の内外の四隅に植物と盛り塩を欠かさず置くと、悪いパワーをある程度防げます。

オフィス移転!!の開運チェックポイント④

カーブの外側に建つ物件には不運が飛び込んでくる

カーブの外側に位置する土地は風水的におすすめできません。なぜなら、ここは悪い運気が飛び込んでくるポイントのため、精神的に不安定になり、予期せぬトラブルに巻き込まれることが多くなるからです。例えば、考えもしなかったケアレスミスをしてしまい、取引停止になるほどの事態に発展してしまった……といったことが起こる可能性が考えられます。

この悪いパワーをできるだけ防ぐには、カーブ側の土地に大きめの木を植えることです。さらに、玄関がカーブの外側に面しているなら、玄関の風水をとくに念入りに行うことです。門から玄関までのアプローチがゆったりしているなら、凶相はある程度緩和されています。ただ、いずれにしても避けたほうが賢明です。

立体交差点の近くは気の乱れが生じやすいのでNG

立体交差点の近くの敷地はおすすめしません。風水的に見ると、立体交差点は上を走る道路と下を走る道路が十字に交差しているので、縦に進む幸運と横に進む幸運が衝突しやすいと考えるからです。気が落ち着かず、乱れやすい土地なのです。

オフィスはもちろんですが、とくに店舗を出す場合に立体交差点の凶作用が大きく働いてしまいます。新店舗を探す際は、立体交差点のそばは避けたほうが良いでしょう。

凶作用を減らす方法としては、門をできるだけ幅広く作る、門から玄関までのアプローチを広く長く取る、門の両脇に花や木を植えたり照明をつけるなどが挙げられます。看板を毎年の風水ラッキーカラーにするのも一案です。

また、三叉路の近くも立体交差点と同様の理由で避けたほうが良い場所です。

オフィス移転!!の開運チェックポイント⑥

T字路の突き当たりはトラブルに巻き込まれやすい

T字路の突き当たりの土地は風水的にNGです。悪い運気がぶつかってくる場所と考えるからです。事故にあいやすいのはもちろんですが、それだけでなく、思わぬ出費が続いたり、社員の健康状態が悪くなったりなど、さまざまなトラブルが連続して起こる危険性があります。

とくに玄関に向かってまっすぐ道路がのびている敷地は、最悪の凶相。強すぎる運気が玄関を通ってまっすぐに飛び込んできて、オフィス内で暴れ回ってしまうのです。

この凶相を少しでも防ぐためには、道路沿いの壁に花を飾ることです。西の壁なら、黄色、白、ピンクなどの方位と相性の良い色の花を中心に選んで飾れば、さらに効果が上がるでしょう。

オフィス移転!!の開運チェックポイント⑦

ブルー系の外観の建物は陰の気が強すぎてNG

移転先を選ぶ際は、外観の色もチェックしましょう。なるべく避けたいのは外壁がブルーのビルです。陰の気が強く働き、空間内のバランスが悪くなっているからです。ただし、建物のまわりに暖色系の花が絶えず飾られていれば、バランス悪化は防げます。

グレー系は、ルートセールスなど外に対して働きかけをするような仕事をしている人には不向きです。クリーム色はクリエイティブな仕事をしている人にはおすすめできません。ベージュは横のつながりがなくなるので、隣に干渉されずマイペースで仕事をしたい方に良い色です。光沢感のある外観のビルは、才能は発揮できる一方、個人主義に走る危険もあります。白、茶系、レンガ色などは誰に対しても良いと言えます。

ただし、いずれの色であっても、外観が汚れていては風水的効果を望めません。

オフィス移転!!の開運チェックポイント⑧

三角のビルは人間関係が悪くなる円柱の建物は意欲ある社員が離れる

「いびつな土地は、吸収できるパワーもいびつなので良くない」ということは前に述べました。これは建物の形にも当てはまります。いくつかの例をもとに、具体的に見ていきましょう。

たとえば三角形の建物は人間関係が悪くなり、ストレスがたまります。その結果、社内での足の引っ張りあいが起こったり、取引先への真摯な対応ができなくなり、大きな問題になったりする可能性があります。

また、円柱形のビルは、社員が自分の個性を出して業績を上げても評価されにくくなる傾向があります。その結果、「がんばっても意味がないのなら……」という気になり、意欲ある社員が会社を離れていく危険性があります。

オフィス移転!!の開運チェックポイント⑨

頭でっかちは意志疎通が悪くなる凸凹の間取りのビルは利己的に

いびつな建物が具体的にどのような悪影響を及ぼすか説明していきます。

下層のフロア面積よりも上層のフロア面積が大きい、いわゆる頭でっかちのビルがあります。これは風水的に見ると、社内の意志疎通が悪くなるビルです。上司から部下に伝えるべき最重要事項が伝わらなかったり、部下は上司への提案を躊躇してしまう可能性があるのです。ねじれた構造で造られているビルも、同じ理由でおすすめできません。

また、各フロアが四角ではなく、凸凹とした間取りになっているビルもたまに見かけます。このようなビルにいると、社会性がなくなり、利己的になりがちです。キックバック要求などの裏取引に手を出しやすくなる危険を秘めています。

建物も、土地と同じく四角形のものが理想的です。

オフィス移転!!の開運チェックポイント⑩

奇抜な形の屋根の建物は陰陽のバランスが悪い

屋根の形や大きさにも吉相、凶相があり、運気に影響を与えます。一軒家を事務所や店鋪にする場合は、屋根も要チェックポイントです。

まず、屋根の大きすぎる建物はＮＧ。風水では適度な太陽の光をとても重要と考えますが、大きな屋根によって太陽の光が遮られ、建物内の陰陽のバランスが崩れるからです。逆に、小さすぎる屋根は逆の理由でおすすめできません。陰陽のバランスが悪いと、空間内の気が乱れ、仕事がはかどらない、やる気が出ないといった状態に陥ります。

また、とがった屋根の建物で仕事をすると、自分の趣味、嗜好に走った仕事をしがちです。また、風水では正方形のようにどこから見ても同じ形のものが吉相とされるので、そういう意味では曲線の屋根もあまりおすすめできません。

オフィス移転!!の開運チェックポイント⑪

北の階段は風邪を引く 鬼門のトイレは目を患う

風水には、間取りと健康の関係を表す言葉がたくさんあります。主なものを紹介するので、移転先を選ぶ際の参考にしてください。

「北の階段は風邪を引きやすい」。寒い階段を通って風邪を引くことはもちろん、信頼の方位である北の階段が冷えると人間関係が寒々しくなるという意味も含んでいます。

「建物の東側や南側に収納を作ると長患いする」。太陽の光が部屋の中に入ってこず、風通しが悪くなり、湿気もたまりやすくなります。

「鬼門（東北）のトイレは目を患う」。八方位中、最も清浄に保ちたい東北にトイレがあると、目をつぶすほどの大きな災いを引き起こす危険があるという警句です。また、「北のトイレは脳いっ血に注意」という言葉も覚えておいてください。

オフィス移転!!の開運チェックポイント⑫

エレベーター、エスカレーター、階段の正面の店は流行らない

エレベーター、エスカレーター、階段は人の出入りが激しいところです。そこにはパワーがみなぎっているわけですが、その激しさがかえって問題です。つまり、激しさゆえに空間のバランスが安定していないために、その前にお店の入口があっても幸運がリラックスして入ってこられない状態が生まれているのです。

このように入りづらい入口では、当然お店が繁盛するはずもなく、売上げは徐々に下がってしまいます。エレベーター、エスカレーター、階段の正面から少しずれた位置に入口があるだけで開運を呼び込めます。店鋪選びの参考にしてください。

また、エントランスの正面にエレベーターや階段があるビルも風水的に好ましくありません。エントランスから入ってきた幸運を邪魔してしまうからです。

オフィス移転!!の開運チェックポイント⑬

三軒長屋の真ん中に住むと運を取られる

これは「両隣の建物にパワーを吸い取られて、運がなくなってしまう」ということを意味しています。風水では四方位からのパワーを均等にもらえる建物を吉相だと考えていることはすでに述べましたが、両脇をはさまれた建物の場合、外部に接しているのは二カ所しかありません。

とくにこの警句は、店舗ビルに入るかどうかを考える際に重要です。両隣の店舗ばかり売上げが伸びて、真ん中に位置する自分の店舗だけが落ち込んでいる……という事態になりかねません。

「天秤棒を天井に上げる」という風水処置を行えば、この天秤棒で両隣のお店の財産をつり上げ、自分のお店に運気を持って来ることができます。

オフィス移転!!の開運チェックポイント⑭

七階以上なら室内に観葉植物を置く
業種別に入居の位置を選ぶと開運

オフィスを構えるビルの階数については、偶数でも奇数でもとくにNGはありません。ただし、七階以上のフロアに入ると大地からのパワーが届かなくなるため、室内に観葉植物を置くようにすると良いでしょう。新築ビルと中古ビルに関しても、風水的にはどちらもOKです。ただし、建物のパワーが続くのは木造なら築二〇年、鉄筋・鉄骨なら築三〇年ぐらいまでですから、それ以上の物件ならリフォーム・パワーを補いましょう。

また、ビルのどちら側に入居すべきかという点は、新しい情報や若者向けの商売をしているなら東や東南、南方位の部屋がおすすめです。優雅な趣味や嗜好をテーマにしていたり、中高年向けの仕事をしているなら、北や北西、西の部屋も吉相になってきます。方位はもちろん、窓からの眺めも重要視して移転先を決めてください。

Dr.コパのビジネス風水
2004年11月25日 第1刷発行

【著者】
小林祥晃

【発行人】
長廻健太郎

【発行所】
バジリコ株式会社
〒 130-0022 東京都墨田区江東橋3-1-3
錦糸町タワーズ
電話……………(03) 5625-5051
ファックス………(03) 5625-5054

【印刷・製本】
図書印刷株式会社

ISBN4-901784-57-9

http://www.basilico.co.jp